地域コミュニティと教育

玉井康之・夏秋英房

地域コミュニティと教育（'18）
©2018　玉井康之・夏秋英房

装丁・ブックデザイン：畑中　猛

はじめに

　本書は,「地域」と「コミュニティ」を併せ持つ新しい概念としての「地域コミュニティ」の現代的な可能性をとらえるとともに,「地域コミュニティ」と「教育」の相互発展的な関係をとらえるものである。そのためまず「地域コミュニティ」を構成する様々な地域活動を抽出し,その地域活動が教育に果たす役割をとらえている。また学校や地域の教育活動が「地域コミュニティ」を発展させる役割をとらえている。

　「地域」とは一定の面的範囲の中で共通性を有する場所を意味するが,とりわけお互いの顔が見えて行動も共にしやすい範囲が重要である。また「コミュニティ」とは一つの範囲の中にも様々な階層集団や目的集団などの協働的関係が存在していることを意味している。このような協働的関係がいくつも絡み合いながら一つの範囲の中に協働的関係が重層的に構成され一つの社会となっている。

　このような「地域」「コミュニティ」の二つの意味からすると,「地域コミュニティ」の定義概念としては,「地域的な範囲を基盤にした様々な協働性が重層的に展開しながら,互恵的な協働関係と信頼関係を持つ社会的関係が築かれている地域社会」であるととらえられよう。

　日本の地域社会は,歴史的にも高度経済成長期までは農村の共同体を基盤にして強固な地縁的な共同互助社会を作っていた。水田農業は,水利共有・防除・収穫等の適期作業を地域全体で進めなければ効果が出ないために集団的な一斉協働作業が多く,冠婚葬祭等の生活互助を含めて強い一体感を有する共同体であった。しかしこの農村共同体は,高度経済成長を経て衰退した。地域的な互助がなくてもお金でサービスを購入する消費生活文化となり,個人主義と相互不干渉の価値観が台頭した。

さらに現代では，ネット社会となり，近くの異質な隣人よりも遠くの同質な匿名者と結びつくようになった。その結果極度な同質性を求める余り少しの異質な者への排他性を高めることになり，協働という意識を失う人たちも多く生まれて来た。同質性を求めてネットの中に社会に入り込むが，深い絆や協働性を求めてはおらず，希薄な関係のままでいることが前提である。このような状況下では，かつての農村共同体のような地域社会はいったん不要なものとして位置づけられることとなったと考えても良いだろう。

　一方このような地域社会がいったん衰退し価値観が変化したにも関わらず，今改めてコミュニティの役割が注目され，政策的にも次々にコミュニティの再生を期する具体的提案が為されている。2017年4月からはすべての公立学校がコミュニティスクールを目指すことが努力義務化された。このコミュニティスクールでは地域が学校を支援すると共に，学校を核にして地域社会の再生を図るものである。高度経済成長期を過ぎて"オラが学校"の意識も低下し，学校と地域の結びつきが疎遠になった。これによって子どもの社会的発達のゆがみが生じただけでなく，地域住民の孤立化も激しくなった。コミュニティスクール政策は，子どもや地域社会の希薄な関係と発達のゆがみを是正するためのものである。

　他にも東京一極集中と地方の過疎化により，2018年時点で全国の3分の1の自治体が過疎地に指定されている。43の道府県が人口減少しており，消滅都市の問題も指摘されている。少子高齢化社会の中では子ども・若者もいなくなり，生産労働人口も減少するため地域の活力が奪われている。

　震災が多い日本では，震災時でのコミュニティの協働性や"学校と地域"の連携がいかに重要であるかを改めて指し示した。住民の安心・安全な社会や福祉社会を作る上でも，"絆"が象徴する「地域コミュニ

ティ」が大きな役割を果たしている。そのために顔が見える地域コミュニティを基盤にした様々な地域創生政策・地域教育政策と学校カリキュラム改革等が提案されている。

　このような地域コミュニティ推進政策がかなり大きな課題となってきているのは，地域の生活環境の向上に向けて，すべてお金で置き換えてサービスを享受することには限界があり，また行政がすべての生活の問題を解決することも限界があるからである。そのために改めて顔が見える中での地域コミュニティの互恵的・協働的な関係を創ることが求められているからである。

　これは単純に昔の農村共同体を復活させるというものではない。“都市と農村”の単純な対峙的な問題ではなく，かつて日本の地域社会が持っていた協働性や互助性の理念を良さとして復活させながら，同時に新しい地域社会の構成要素となるネットワークの活動を推進していくことが求められている。またかつて地域が学校を支えていた“オラが学校”の良さと機能を継承し，学校と地域の一体的な運営による地域社会を構築していくことが求められている。

　高度経済成長以降，日本の社会は経済的にも発展し，農村から都市への人口移動が急増し，何となく都市がすべて“先進的”で逆に農村がすべて“遅れている”という感覚をもたらした。このような二極対峙的な捉え方では，日本が元々持っていた協働社会・互助社会の良さを失うことにもつながってしまう。移民・移住社会の国に比して，日本は元々農耕定住社会であり，その長い歴史の中で文化的・精神的に共同体を培ってきた良さがある。「地域コミュニティ」には様々な階層・集団・グループや学校などの教育活動と機関があるが，それらが重層的に連携し，異質協働の「地域コミュニティ」の協働性とネットワークを取り入れていくことで，また新しい「地域コミュニティ」ができていく。

このような中で本書は改めて「地域」と「コミュニティ」の両方の重要性を取り上げ，それが「教育」の機能を有していることを取り上げたい。一定の範囲の「地域」の中でお互いの顔が見える関係を構築していくこと，また様々な階層集団や目的集団などの協働的関係を高める「コミュニティ」を構築していくことが重要である。このような協働的関係を重層的に絡み合わせながら一つのエリアの中に協働的関係が構成され，新たに次代の社会理念としての「地域コミュニティ」が創られていく。
　この「地域コミュニティ」は，直接的には様々な目的を持つ協働的関係であるが，それは同時に極めて教育的な役割を果たしている。「地域コミュニティ」の教育的な役割は直接的意識的に指導・教授するものだけではなく，無意図的に協働性・互助性の意識を高め，教育的な影響を与えているものも多い。私たちはこの地域コミュニティの中から様々なことを学び，また協働的な関係の中で社会に適合するように育まれている。
　「地域コミュニティ」を構成する教育機関としてどこにも存在し青少年の教育の役割を担っているのはやはり学校である。学校がなければどんな人も成長して大人としての役割を担うことはできない。学校文化は公平・平等の理念を持ち，様々な階層や利害を包み込む文化を持っている。その意味では学校が「地域コミュニティ」の中で大きな役割を持っていることは間違いないであろう。
　ただ子どもたちは学校の中だけで学んでいるのではなく，地域社会の様々な機会からも学んでいる。そのためには，学校が地域と結びつき地域の様々なソーシャルキャピタルを活かすことが求められる。逆に地域は学校を除いて単独でその再生を進めることは難しく，学校を中心として様々なコミュニティを形成していくことが必要になる。
　近年日本の大きな課題となっているのは，世界の中でも急激に進行す

る少子高齢化社会である。少子高齢化の中では，次代を担う子どもの育成も地域全体で支えていくことが必要になっている。また高齢者の活躍も「地域コミュニティ」の重層的な構成要素であり，その役割が社会全体で改めて期待されている。防犯活動や家庭教育支援など，住民が安心して生活できる安全なコミュニティの形成を，高齢者・子どもたちも含めて，住民の相互の結び合いの中で実現していくことが重要である。

そして「地域コミュニティ」が持つ教育・学習活動の役割を改めて意識して学びを追求していく中に，次代の地域・社会の担い手も育成されていく。地域住民だけでなく子どもたちが地域・社会の担い手になっていくためには，相当な期間が必要でありすぐに成果が出る訳ではないが，しかし次代のより良い社会を目指すためにも，今から「地域コミュニティ」の機能と役割を高めていくようにしていかなければならない。

「地域コミュニティ」発展の条件としては，一つは学校を核とした子どもたちの教育活動が地域活動といかに有機的に連動させていくかが課題となる。二つ目には，大人たちの地域活動や社会教育活動が学校といかに連動していくかが課題となる。そしてそれらの教育的な役割を改めて抽出していくことが重要になる。

このようにとらえると，「地域コミュニティ」の重要な構成要素としての学校と地域の関係では，学校は様々な地域の教育的な役割に支えられながら学校を発展させており，地域は学校の教育を媒介にして地域を発展させている。すなわち学校の地域づくり活動は学校づくりとなり，地域の学校づくり活動は地域づくりとなる。学校づくりと地域づくりは，車の両輪として相互発展的な関係にある。本書ではこの「地域コミュニティ」の教育的な役割を抽出するとともに，「地域コミュニティ」と「教育」の相互発展的な関係をとらえていきたい。

編者を代表して　玉井康之

目次

はじめに　玉井康之　3

1　教育・学習環境としての地域コミュニティ
　　　　　　　　　　　　　　　　｜ 夏秋英房　13

　1．成育・教育・学習環境としての地域社会　13
　2．家族の変容・少子化と子育て支援と地域社会　17
　3．地域社会における子どもの育ちと地域教育　20
　4．本科目の構成　25

2　生涯学習と地域コミュニティの形成
　　　　　　　　　　　　　　　　｜ 夏秋英房　29

　1．地域社会の変容と教育的再編　29
　2．地域社会の再編と地域教育の再編　34
　3．東日本大震災からの地域社会の復興過程と地域教育　39

3　近代学校の成立と地域コミュニティ
　　　　　　　　　　　　　　　　｜ 夏秋英房　45

　1．学校教育制度と地域社会　45
　2．地域住民の手による学校の創立と運営　49
　3．地域文化を伝えつくり出す教育の源流　51

4　コミュニティスクール（地域社会学校）と学校・地域づくり
　　　　　　　　　　　　　　　　｜ 玉井康之　59

　1．学校・家庭・地域の連携の必要性と学校評議員制度　59
　2．コミュニティスクール政策の新たな展開と協力体制　63

3．コミュニティスクールにおける学校運営協議会と
地域学校協働本部の役割　65
4．コミュニティスクールによる多様な活動と
子どもの発達　68
5．コミュニティスクールにおける学校づくりと
地域づくりの相乗効果　71

5　教育内容とカリキュラムマネジメント
　　　　　　　　　　　　　　　　　｜　玉井康之　74

1．知識・技能から資質・能力の育成への発展　74
2．「社会に開かれた教育課程」の実現と学習内容の普遍化　76
3．横断的・総合的学習活動とカリキュラムマネジメント　78

6　総合的な学習活動と地域コミュニティ
　　　　　　　　　　　　　　　　　｜　玉井康之　89

1．地域を探求する総合的な学習活動と
地域コミュニティとの関係　90
2．地域を探求する総合的な学習と地域の調べ方・学び方　92
3．地域を探求する総合的な学習活動と
地域コミュニティづくり　95
4．学校支援パートナー・地域人材との連携と
地域コミュニティづくり　99
5．総合的な学習がつくる地域コミュニティの
教育効果　100

7　地域コミュニティと地域安全活動
　　　　　　　　　　　　　　　｜　岩永雅也・宮田美恵子　104

1．地域の安全　104
2．防犯活動とその背景　112
3．地域再構築―放課後の安全神話　116

8 地域と学校の安全教育
　　　　　　　　　　　　　　　｜ 岩永雅也・宮田美恵子　123

　1．家庭・地域・学校における安全教育　123
　2．犯罪被害と防犯教育　130
　3．新しい防犯教育の実践　137

9 子どもの地域生活と生活体験活動
　　　　　　　　　　　　　　　｜ 玉井康之　143

　1．子どもの生活環境の変化と対人関係の変化　144
　2．子どもの生活体験の教育力と現実的な想像力　146
　3．集団遊びと異年齢集団・仲間集団の教育力　148
　4．校外生活学習・集団宿泊活動の設定と教育効果　150
　5．厚岸少年自然の家の自然体験・集団体験活動と
　　仲間づくり　153
　6．地域の社会体験学習の設定と教育効果　155

10 地域コミュニティの活性化と
　　　都市・農村の交流　　　　｜ 玉井康之　157

　1．農山村の急激な人口減少と地域コミュニティの課題　157
　2．山村留学による学校存続の取り組みと子どもの成長　159
　3．北海道鹿追町の山村留学と都市・農村交流による
　　コミュニティの活性化　162
　4．鹿追町の農村交流事業の導入と総合的な定住促進に
　　よる地域コミュニティ　165

11 地域福祉と教育〜子どもの貧困と家庭教育への支援を中心に〜 | 夏秋英房 169

1. 福祉と教育の関係　169
2. 学校教育と福祉活動　173
3. 地域福祉と地域教育　176

12 地域文化の継承と創造〜地域の芸能や文化活動を中心に〜 | 夏秋英房 186

1. 地域文化の継承について考える　186
2. 学校教育と地域の伝統・文化　189
3. 地域文化と文化活動　193

13 多文化共生と地域コミュニティの国際化 | 夏秋英房 202

1. 変容する国際化の現状と教育課題　202
2. 国際理解教育と地域教育　208
3. 多文化共生のために地域教育が果たす役割　213

14 地域コミュニティにおける行政・コーディネーターの役割 | 玉井康之 217

1. 地域コミュニティと社会教育行政の役割　218
2. 地域づくり活動の支援方法と行政・コーディネーターの役割　219
3. 地域コミュニティと一般行政の教育的役割　221

15 地域コミュニティの教育課題と学習社会の構築　｜ 玉井康之　230

1. 地域コミュニティの重層的構造と機能集団　231
2. 地域コミュニティと教育活動による協働社会化　234
3. 地域コミュニティと「ふるさと教育」促進の課題　238
4. 地域コミュニティのネットワークと地域の学習社会化　241

おわりに　245
索引　249

1 教育・学習環境としての地域コミュニティ

夏秋英房

《目標&ポイント》 日本の近代化の過程において学校教育制度が整備され拡充されていくとともに，家庭・学校・地域社会は相互に密接に関連しながら，社会構造的に，また子どもの成育環境／成人の生涯学習環境として大きく変容してきた。国家は地域社会の差異を超えて平準化した学校教育を全国に実現してきた。しかし1980年代半ば，国際化や情報化に対応し個性化を進める方向で「開かれた学校」への転換が臨時教育審議会で求められた。学校は地域社会と施設や資源を共有することから，学校の運営に地域住民が参画するなど，地域コミュニティへ教育を「開く」過程が進行しつつある。地域社会の教育的意味を問い，その現状と課題について考える。

《キーワード》 社会化空間，学校開放，学校支援地域本部，学校運営協議会制度，コミュニティ・スクール

1. 成育・教育・学習環境としての地域社会

(1) 成育環境の変容と地域コミュニティ

　コミュニティという概念は多義的である。たとえば，ヒラリーは1955年の「コミュニティの定義」という論文（鈴木広編，1978『都市化の社会学』誠信書房所収）で，先行研究で行われた94の「コミュニティ」の定義を検討し，コミュニティに，地域性と共同性という要素を抽出した。地域性とは，コミュニティが一定の空間的範域を示すことを表し，共同性とは，コミュニティが社会的共同生活をしめす概念だということを表

している。

　本科目は「地域コミュニティ」という用語を使うことで，空間的範域と共同性のいずれも保持したものとして地域社会を捉えていきたい。

　さて，本章では，地域社会と家庭の変容に焦点を当てながら，教育・学習環境としての家庭と地域コミュニティの関わりについて考え，最後に本科目の構成について紹介しよう。

　さて，子どもの社会化空間を家庭・学校・地域社会と3つの領域に分けて考えてみよう。近代日本において学校教育制度が成立して以降，家庭・地域社会と学校の関係は大きく変化してきた。

　これを図式的に示したのが図1-1である。第二次世界大戦以前は，学校は国民統合の機関として地域共同体に対峙する形で，地域社会に支えられつつその生活世界からは距離をおくものであった。また家族は家業を通じて半公共的な性質をもち，地域共同体に生活全体が強く包摂さ

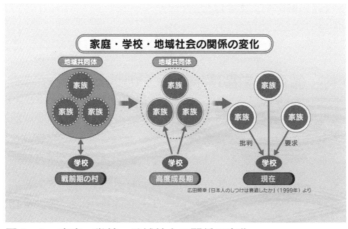

図1-1　家庭・学校・地域社会の関係の変化
広田照幸『日本人のしつけは衰退したか』
（出所：講談社現代新書，1999年，p.129）

れていた。その後，学校での学業達成が卒業後の子どもの生活を左右するものになると，都市中間層を中心に大正期には「教育する家族」が登場し，次第に学校は家族に対する親和性と優位性を強めた。

　高度経済成長期には，人口の移動と地域組織の脆弱化により地域共同体内の紐帯が弱まる一方で，家族は私的生活を重視するとともに孤立化する様相が強まった。学校に教育の諸機能が集中し，学校は学業のみならず生活面においても家族を指導する機関となった。

　ひるがえって低成長期に入ると，家族の私事化（privatization）により公的な世界よりも私生活を重視する傾向が一層強まり，また，保護者や児童生徒の教育権や選択が優先されるようになると，学校は教育サービスを提供するものとして家族から学習や生活指導面でさまざまな要求や不信，批判を突きつけられて対応に追われるようになり，その優位性は低下した。

　それでは図1-1のように，少子高齢化や過疎化に伴い，共通の絆をもつ人々によって成り立つ，地域に根ざしたコミュニティはすでに失われてしまったのだろうか。はたまた地域の紐帯は今も生き続けているのだろうか。あるいは，情報・交通テクノロジーの発達により「地域や親族などの伝統的な絆を基盤とした連帯から解放されたネットワークというかたちで存続している」（日本社会学会編『社会学事典』，丸善出版，平成22年，p.722）と見るべきなのだろうか。

　家庭・学校・地域社会の関係は，1980年代以降，情報化と高齢化・フェミニズム化が進展するなかでさらに変容しつつある。すなわち情報化の進展により，学校が提供する知の正統性や普遍性が揺らぎ，学校は子どもの教育の専用空間として画一的で閉じたあり方から，「社会に開かれた」個性のあるあり方へと変わりつつある。また家庭は，性別分業の揺らぎと，子どもの養育や高齢者の介護のニーズ等により，個別に閉

じた「近代家族」のあり方から，地域社会へ開くよう促されている。

　さらに地域社会は，平成の大合併を経て行政のサービスが後退し，町内会などの空間的・地縁的な地域組織と，NPOなどのテーマに応じた活動を展開する市民団体とを再編成して，身近な自治を新たに実現する方向へと動きつつある。また，地域住民がインターネット等を通じて物理的距離を超えて結び合うパーソナル・ネットワークが一挙に広がった。地域に根ざしたコミュニティも地域を越えるコミュニティも，ネットワークの広がりとして多様にとらえ（「コミュニティ論」，地域社会学会編『新版キーワード地域社会学』所収），その意味をソーシャル・キャピタル（社会関係資本）という概念によって捉えることができる。

　また，個人の人生の軌跡を見ても，知識基盤社会に対応して職業能力を開発したり，長期雇用の減少と非正規雇用者の増大といった変化に対応した生活者としてのスキルアップを実現したりすることが求められてきた。そのため，家庭→学校→職場→家庭・地域社会という一方向的なライフサイクルから，職業生活から学校教育へのリカレント（環流）することにより生涯学習の機会を充実することや，多様なライフコースの形成と仕事と生活の調和（ワーク・ライフ・バランス）を実現することが，理念として目指されている。

　地域社会において個々人が生活課題に応じて，また地域課題に応じて生涯学習の機会を提供され，生涯学習の成果を活かせる場を創出することによって，住民による新たな自治とまちづくりが実現されると考えると，子どもの成育環境として，また成人の学習環境として再編され，充実されるべきものとして地域コミュニティを考える意義が見えてこよう。

2. 家族の変容・少子化と子育て支援と地域社会

(1) 少子化の要因

子どもの数の減少は，家族の変容の結果でありまた原因でもある。さらに，子ども数の減少は子ども自身の地域生活のあり様にも大きな影響を与えている。私たちは少子化によって家庭生活と地域生活の両面において深刻な教育課題に直面しているといっていいだろう。

では，なぜ日本では少子化傾向が極端に進んでしまっているのだろうか。まずこのことから考えていこう。

日本の子どもの出生数は，第1次ベビーブーム（1947～49年）生まれの「団塊の世代」の子どもたちで，いわゆる「団塊ジュニア」と呼ばれる世代の出生数がピークに達した1973（昭和48）年以降，40年以上にわたって低下が続いてきた（図1-2）。

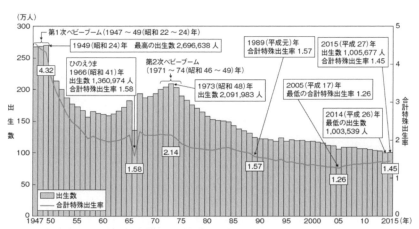

資料：厚生労働省「人口動態統計」
平成29年版　少子化社会対策白書　概要版（PDF版）
図1-2　出生数および合計特殊出生率の年次推移
（出所：内閣府2014子ども・子育て白書, p.1）

少子化をもたらした家族の形成にかかわる要因としては，若年層の結婚行動が変化して晩婚化・未婚化が進展したことと，若年世代の夫婦の出生行動が変化して晩産化により出生数が低下したことが挙げられる。
　この30年間に若年世代は親の家を離れるのが遅く，結婚が遅く，子どもを持つのも遅くなった。いわば，成人期へと子どもが移行するのが遅れているのである。
　また，生涯子どもがいない生涯無子割合は，1955（昭和30）年生まれの女性で約13％ほどであったが，1980（昭和55）年生まれ以降になると40％を超えると推計されている。
　つまり，①「生涯未婚率」の上昇，②「生涯無子割合」の急増，③夫婦の完結出生数の低下という連鎖のなかで，家族をつくらない（再生産しない）生き方が増加している。これを「家族非形成の時代」と呼ぶ研究者もいる（岩澤美帆2007年，阿藤，津谷編，p.54）。

（2）　少子化の社会的背景

　少子化をもたらした社会的背景はどのようなものだろうか。
　まず第一に，少子化現象は，女性の社会経済的地位が向上し社会的役割が変化したことで促される。女性の社会進出が進む以前は，夫が仕事をし妻が家庭で家事・育児をになうという近代家族の発想が一般的であった。そこで，女性の就学期間が長期化し，職業上の役割を結婚や出産の後も担い続けることになると，「仕事か家庭か」の二者択一を迫られて女性は役割葛藤に陥った。
　しかし，女性の役割葛藤を軽減する対応が不十分な日本では，女性は結婚して家庭役割を取得することを延期するか放棄することにより，この葛藤を回避・軽減しようとした。男性の育児時間が欧米諸国の3分の1に留まる現状で結婚と出産を女性が先送りする傾向は，超少子化をも

たらす一因となった。

　第二に，女性の社会進出が進んでも，人びとのジェンダー観が固定的な性別役割分業観から男女平等観へと全面的にシフトしたわけではない。三歳までは母親のもとで，といった母子関係を軸とした子ども中心主義の考え方がなお根強く，保育を社会化することに抵抗感がある。

　第三に，青年のパートナーシップ形成行動（結婚行動）の変化がある。男女のパートナーシップが強い文化のもとでは，婚外子を設けることが多く，出生率が下げ止まる一因となった。しかし日本は婚姻と子どもを産むこととを関連づけて考える傾向が強いので，婚姻率の低下が直に出生率の低下につながってしまう。

（3）　地域社会における「子ども・子育て支援」への転換

　日本では「少子化」が1990（平成2）年以降政策問題となり，少子化対策が矢継ぎ早に講じられてきた。しかし一方，新自由主義を軸に政策が展開するなかで，社会システムの市場化がすすむ一方で，不況の長期化と雇用形態の変化が進んだ。この過程で，学校を卒業してすぐに正社員などになれず非正規雇用の形で労働市場に数多く出て行った30歳代の人たちが，不安定な就労状況のまま子育て期を迎え，低所得層をなして不安定な生活状況におかれている。しかし，学校歴と結びついた雇用慣行が強いために再帰復活ができずに社会的格差が広がっていると言われる。この状況において，新たに「子どもの貧困」が政策課題となった。

　そこで，少子化対策ではなく，「社会全体で子育て」を担うことへと発想を転換して『子ども・子育て支援』へと視点を移し大綱「子ども・子育てビジョン」が2010（平成22）年に新たに示された。

　さらに2012（平成24）年には「子ども・子育て支援法」などの子ども・子育て関連3法が成立し「子ども・子育て支援新制度」が立ち上

がった。このなかで「地域の実情に応じた子ども・子育て支援」が標榜され，地域における子育て支援のネットワークに基づいて，利用者支援，地域子育て支援拠点，放課後児童クラブなどの事業を充実させることが目指されている。

　このように，地域社会で子どもの育ちを支援し，親の子育てを支援することは，生涯学習をとおして保護者が親役割を学び，地域住民が行政と連携して地域社会で子育てを支えるネットワークの形成に参画していくことと合わせて考えることが必要である。財政難により制度改革の進展は遅くなっているが，保育の質を一定水準以上に保ちながら民間の活力を導入する方策と，幼少期のうちにできるだけ教育の格差を縮小する手立てを講じることが喫緊の課題であるととらえられている。

3．地域社会における子どもの育ちと地域教育

（1）　地域における生活体験の意義

　一方，「子どもの頃の生活体験が生涯学習の基礎を培う」ことが2010（平成22）年の調査でデータとして示されている。子どもの頃の生活体験が，青年期，さらに成人してから後の「体験の力」を左右している，という調査結果について見てみよう（国立青少年教育振興機構『子どもの体験活動の実態に関する調査研究　報告書』2010（平成22）年）。

　この調査では，子どもの頃の体験を「自然体験」「動植物とのかかわり」「友だちとの遊び」「地域活動」「家族行事」「家事手伝い」といった6つの項目で測り，その体験が多いほど大人になってからの「自尊感情」「共生感」「意欲・関心」「規範意識」「人間関係能力」「職業意識」「文化的作法・教養」といった7つのジャンルの力＝『体験の力』が高い，という結果が報告されている（図1-3）。

　つまり，子どもの地域生活の豊かさが，成人になってからの生きる活

第1章　教育・学習環境としての地域コミュニティ　21

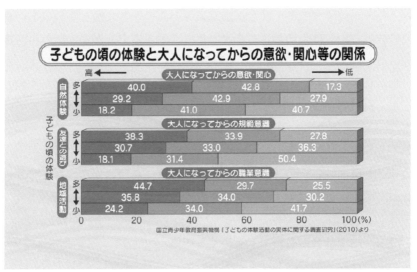

図1-3　子どもの頃の体験と大人になってからの関心・意欲などの関係

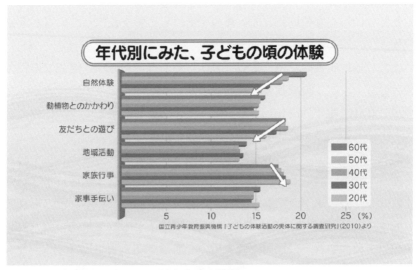

図1-4　年代別に見た，子どもの頃の体験
（図1-3，1-4ともに，国立青少年教育振興機構『子どもの体験活動の実態に関する調査研究　報告書』2010（平成22）年より作成）

力，たとえば学習意欲，社会貢献意識等の高さなどに強く係わっているのである。いわば生涯学習の基礎となる「生きる力」が幼少期の生活体験に根ざして養われていることがデータとして示されている。

しかしその一方で，子どもの知的・情緒的成長にとって重要な体験のうち，自然体験や友だちとの遊びは，年代が若くなるほど減ってきている（図1-4）。

子ども達の生活体験が減少していることはよく指摘されてきたが，このデータは同時に，子どもたちの保育や教育にあたる保護者や保育者自身が，すでに体験量の少ない世代であることを示している。

（2）「地域社会の教育力」をめぐる施策

高度経済成長期にいわゆる三間（時間，空間，仲間）が減少し，子ども文化としての遊び文化の伝承が途絶え，大人が提供する消費的な遊びが増加したことは，子どもの仲間集団の衰退や生活体験の減少をもたらすとともに，心身の成長と成人後の生活にも影響を及ぼしていると考えられる。

また，地域組織の衰退や地域行事への参加機会の減少，地域での就労機会の減少など，地域社会と家族との関わりが薄くなっている。そのため，子どもたちが近隣住民と接したり共に活動したりして生活体験を重ね，生活上の知識や技能を学びとる機会が減少している。

このような中で，子どもをめぐる「地域社会の教育力」の再生や向上を謳った施策が展開してきた。たとえば，文部科学省は平成17年度から「地域教育力再生プラン」と銘打った施策を実施している。その項目としては，（1）運営協議会の開催，（2）地域子ども教室推進事業（放課後や週末に，学校，公民館，商店街の空店舗などを利用），（3）子ども待機スペース交流活動推進事業，（4）地域ボランティア活動推進事業，

（5）総合型地域スポーツクラブ育成推進事業（子どもから高齢者が対象），（6）文化体験プログラム支援事業（子どもが対象）が挙げられている（図1-5）。

また，2006（平成18）年に改定された教育基本法には，「学校，家庭及び地域住民等の相互の連携協力」の規定が新設された。これを具体化する方策の柱として，地域に設けられた学校の応援団といった性格を持つ「学校支援地域本部」制度が設けられた。

さらに，文部科学省の「放課後子ども教室推進事業」（放課後地域子ども教室と呼ばれる）と厚生労働省の「放課後児童健全育成事業」（放課後児童クラブと呼ばれる）を一体的あるいは連携して実施する「放課後子どもプラン」が平成19年度より全国的な規模で開始された。「放課

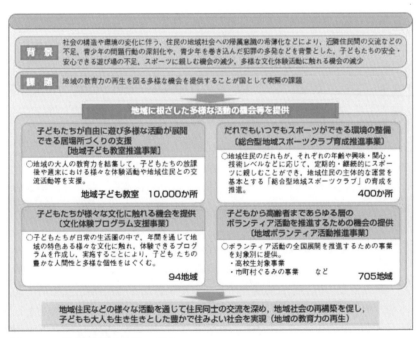

図1-5　地域教育力再生プラン
（出所：『平成18年度文部科学白書』）

後子どもプラン」は，放課後や週末等の小学校の余裕教室や公民館，児童館などを活用して，地域住民の参画を得ながら，学習やスポーツ・文化活動，地域住民との交流活動などの取り組みを実施することにより，遊びと学習の両面を支援する機能を果たすものである。

見方を変えるとこれは，子どもの放課後の時間を大人の管理・監督の下において，安心で安全な場で健やかな生活を送らせようという制度である。

（3） 体験活動の増進を図る施策

ところで，体験活動とは「体験を通じて何らかの学習が行われることを目的として，体験する者に対して意図的・計画的に提供される体験」（中央教育審議会答申，平成19年1月）と定義され，以下の3つの分野に分類される。①生活・文化体験活動（遊び，お手伝い，スポーツ，部活動，地域行事など），②自然体験活動（登山，キャンプ，星空観察，動植物観察など），③社会体験活動（ボランティア活動，職場体験活動，インターンシップなど）。平成28年には「青少年の体験活動の推進方策に関する検討委員会」が開催され，今後の青少年の体験活動の推進方策について，おおむね下記のようにまとめている。

今後の青少年の体験活動の推進方策について
○ 長期宿泊型の体験活動，困難な状況にある青少年を対象にした体験活動，地域の課題解決に関わる体験活動，身近な場所における体験活動など，体験活動の機会を充実させることが必要。
○ ボランティア等に参画しやすい環境づくり，コーディネート人材，体験活動のニーズや参画したい人の情報を集約するなどの体制整備が必要。
○ 体験活動の内容を自ら提案するなどの主体的な体験活動，「生活・文化活動」「自然体験活動」「社会体験活動」を複合した体験活動などを行うためのネットワークづくりが必要。

（平成28年度　文部科学白書　概要より）

（4） 教育文化を醸成する場としての地域社会

　地域社会の，とくに社会教育の分野では，このような目的の実現のために意図的・計画的に提供される体験活動の企画が提供されている。これらは合目的的で学校教育に近い性質を持つと言える。

　これに対して，地域社会は子どもや住民にとって，さまざまな無意図的，偶発的な生活体験の場と機会になっている。それは場合によっては「正しさ」「健全さ」とは異なる価値を含んだ地域文化（民俗文化と呼ばれる伝統文化や大衆文化）であり，マスコミの影響や消費的価値観，外国につながる文化などとの接触の過程であり，また，社会生活の文脈に埋め込まれた実践に加わることによる「正統的周辺参加」と呼ばれる社会化の過程でもある。

　このように，地域社会は「ひととひととが出会い，互いに影響を与え合うことによって，それぞれが生成・変容を遂げていく場，基底である」（鈴木晶子，2011年『教育文化論特論』，放送大学教育振興会，13ページ）という意味において，教育文化が生成する場と考えることができる。地域社会における教育文化を人間相互の関係性から捉えるという視点から，①その人間相互の関係によって生まれるとともに，その関係を生じさせている「場」，②その両者の関係性を取り結ぶ「メディア」，③その相互作用によって生じる「伝承」という3つの視角を設定できる（鈴木，同上，p.23）。地域コミュニティについて事例をとおして考えるときに，教育文化の生成を意識してみよう。

4. 本科目の構成

　第1章，第2章は地域コミュニティに焦点をあてて，成育環境として，また生涯学習の場として意味と課題について考察する。

　学校教育と地域コミュニティの関わりについて，第3章では近代学校

の成立過程に焦点をあてて考察する。第4章からは現代のコミュニティスクールの内実と地域コミュニティの関係について考察し，第5章ではとくに教育内容とカリキュラムマネジメントに，第6章では総合的な学習活動に焦点をあてて考察する。

　第7章と第8章は安心で安全な地域づくりと，その担い手を養成する安全教育について，地域安全活動のあり方と地域コミュニティが果たす役割について検討する。

　第9章では地域生活と生活体験活動の充実のために住民組織が果たす役割について考察する。また第10章では，都市と農村の交流事業をとおして地域コミュニティを活性化する様相について考察する。

　第11章以降は，地域課題に対応した地域教育のあり方について，福祉的機能と教育機能の連携，地域文化の継承と創造の過程，多文化共生社会の形成における地域コミュニティの果たす役割について検討する。

　第14章は，地域コミュニティにおける教育活動に欠かすことができない行政担当者やコーディネーターの役割について，学習社会の視点から考察する。

　印刷教材の内容を踏まえて新たな視点も加え，またさらに焦点を絞って放送教材を作成している。具体的な事例を参照する際も，単に事例を称揚するのではなく，複眼的に比較検討する視点をもって学び取っていってほしい。

【放送教材の概要】
　2人の主任講師が，本科目の趣旨と概要を説明すると共に，基本テーマ「今，なぜ地域コミュニティを問うのか」「地域コミュニティはどのような課題に向き合っているのか」をめぐって語る。都市部の事例として神奈川県川崎市宮前区の土橋町内会と市立土橋小学校を取り上げる。

先端的な取り組みをしている町内会と，その地域社会に支えられているコミュニティ・スクールである。

演習問題

1. 地域コミュニティとはなにか。また，地域コミュニティを考えることにどのような意味があるのか。
2. 子どもの育ちを支援し，また家庭の子育てを支援するために，地域社会はどのような役割を持ち，活動を展開しているのか。
3. 地域社会にはそれぞれ固有の歴史がある。ご自分の身近な地域社会を選び，地域コミュニティの視点から歴史や現状について調べてみよう。

参考文献

青井和夫・高橋徹・庄司興吉編『市民性の変容と地域・社会問題』(梓出版社，1999年)
新井郁男『学校教育と地域社会』(ぎょうせい，1984年)
地域社会学編『新版 キーワード地域社会学』(ハーベスト社，2011年)
中央教育審議会『新しい時代の教育や地方創生の実現に向けた学校と地域の連携・協働の在り方と今後の推進方策について(答申)』2015年
葉養正明編『学校と地域のきずな～地域教育をひらく』(教育出版，1999年)
本田由紀『社会を結び直す～教育・仕事・家族の連携～』(岩波ブックレットNo.899，2014年)
E.G. オルゼン(編)，宗像誠也・渡辺誠・片山清一共訳『学校と地域社会』(小学館，1950年)
岡崎友典・玉井康之『コミュニティ教育論』(放送大学教育振興会，2010年)
岡崎友典・夏秋英房『地域社会の教育的再編』(放送大学教育振興会，2012年)

清水義弘『地域社会と学校』(光生館，1980年)
住田正樹『地域社会と教育〜子どもの発達と地域社会』(九州大学出版会，2001年)
住田正樹『子どもと地域社会』(学文社，2010年)
鈴木晶子『教育文化論特論』(放送大学教育振興会，2011年)

2 | 生涯学習と地域コミュニティの形成

夏秋英房

《目標＆ポイント》「生涯学習によるまちづくり」あるいは「存続の危機に直面している地域社会を住民の学習活動によって再生する」といった言い回しを耳にすることが多くなった。そもそも地域社会とはなんなのだろうか。またどのように変化してきたのだろうか。それが住民の学習活動によって再編されるというのはどのような意味なのだろうか。
　図らずも、東日本大震災と原子力発電所の事故により地域社会と日常生活の崩壊や分断に直面した人々の、復興へ向けての果てしない努力が続いている。その取り組みをどのように理解し支援できるのだろうか。
《キーワード》　ライフステージ，生涯学習，地域コミュニティの形成と復興，コミュニティ，地域性（locality），教育事業，場所の復権，社会関係資本（social capital）

1. 地域社会の変容と教育的再編

（1）　地域社会の教育的編成と地域教育の再編成

　清水義弘は1970年代の後半に、地域社会の教育力の衰退、学校の地域性の喪失、青少年の学校・地域離れという問題状況を踏まえて、「地域社会の教育的編成を実践的課題として設定してその解決を図ること」を提案している。
　すなわち、1960年代の急激な工業化と都市化によって、伝統的な地域共同体は解体して混迷の状態にある。共同体意識や地域連帯感の希薄化、とりわけ地域社会のなかの諸集団の教育力の衰退とその断層とは、「地

域に根ざした教育」をそれこそ根こそぎにした。

　他方，かつては地域社会の統合の中心であり，住民の地域連帯感の中核であった地域学校は，教育における国家機能の拡大に伴って，管理組織を強化して，地域社会から独立した末端行政機関となっている。この官僚組織化の進行に伴い，教師のモラルが低下し，青少年の脱学校化が広がり，とくに1970年代に入り教育の荒廃が急速に進行した。

　高校，大学への進学率は上昇し青少年は学校に囲い込まれているが，しかし高校や大学の中途退学者は増加し，その背景には不登校や非行，自殺につながる潜在的な学校嫌いの大群がひしめいている。また青少年の地域離れや家族離れも進み，いわゆる居場所として同輩集団に巣ごもりする傾向が生まれた。

　このような動向の原因として，社会の構造的変容とともに，身近な教育のあり方に問題がある。その解決のためには，1つは学校の教育的，社会的意義を物神化することなく解体寸前の学校の教育組織や管理組織の改革に取り組むことが必要である。また1つは，地域教育の再編成の視点が必要であり，自治体の行政区を地域ととらえるような伝統的で形式的な地域概念を見直して，地域教育の実態と本質をとらえるべきだとしている。

（2）コミュニティ概念のあいまいさと規範性

　それでは，「地域社会」とはそもそもどのように理解することができるのだろうか。古典的なコミュニティ論者の代表であるマッキーヴァー（MacIver, R.M.）は，コミュニティを一定の空間的範域すなわち地域性（locality）において自然発生的に共同生活が行われる社会としてとらえ，共同性と地域性を構成要件とする地域共同社会を措定した。

　もっとも，コミュニティの構成要素である地域的範域は多義的であい

まいである。近隣の集落，町内会，学校区，あるいは市町村がコミュニティの範囲と考えられる。

　それらは，特定の地域性をもった範域が何らかの社会的共同性を持っている点で共通し，コミュニティ意識と呼ばれる共通感情が存在する場合も少なくない。また近年は，人々の信頼と社会的ネットワークからなるソーシャル・キャピタルのあり方がコミュニティの内実を規定するとの見方が強くなっている。(地域社会学会編，2011年，p.171から。コミュニティ論については p.34参照)

　このような共同性をなりたたせるコミュニティ感情（community sentiment）は，マッキーヴァーによれば
①分割不可能な統一体にともに参加しているという共属の感覚（われわれ感情／we-feeling），
②相互交換が行われる社会的場面で自己の果たすべき役割があるという感覚（役割意識／role-feeling）
③物的願望がコミュニティによって充足されるとともに，他人との関係において心理的充足感が得られるという感覚（依存意識／dependency-feeling）
といった3つの要素からなるという。(マッキーヴァー，1917（邦訳1975））

　高度経済成長を経た消費社会化，情報化，少子高齢化，人口の移動と流動性の高まりなどにより，地域的範域を空間的に維持することは生活圏の広がりと共にむずかしくなった。地域社会の共同性が解体されたり，地域性が変更させられたりするからである。

　かつては地域社会の類型として農村地域社会と都市地域社会の2類型が併存し，社会全体としては村落的な地域社会から都市的な地域社会へという変動の図式が実現しつつある「都市化社会」としてとらえること

ができた。しかし，現代の地域社会の実態を見ると，このような図式は無効化しつつあり，社会全体が都市化して，そのなかで多様な分化軸を持つ「都市型社会」へと変化してきているととらえることができる（町村敬志「都市型社会の出現」古城利明・矢澤修次郎編『現代社会論（新版）』有斐閣，2004年，pp.55-77）

　ここで重要なことは，拡大した空間の範域のなかでも人は限定的にせよ，新たな形で結ばれる共同性——居住する人々の共同関心——にもとづく関係性を維持し，コミュニティ感情の3つの要件を満たして，地域社会の一員としてのアイデンティティを保持できることである。

　そこではコミュニティは単に所属する実体を指すだけではなく，規範性や目指すべき理念としての性格を帯びる。そして実際に，伝統的な地域文化の継承や地域の課題に対応する地域学習運動とその成果を地域づくりに活かすシステムをつくることにより，地域社会が再編されていくことを住民は学んでいく。「地域社会の教育力の回復」とは失われた物語の復権である，と指摘されるゆえんである。

　このように地域性を称揚する空間的実践と結びつきながら，アイデンティティの拠り所となる基盤や生活世界に根ざした「場所の復権」という主張がなされる（地域社会学会編，2011年，p.194）。

（3）地域共同体の変化と衰退～公・共・私の関係の変容

　では，共同体としての地域社会（地域コミュニティ）は日本の歴史においてどのように変化してきたのだろうか。

　地域社会の「公・共・私の関係」の変容過程を図式的に理解してみよう。社会学的に精密な議論は参考文献に当たっていただきたい。国土交通省は，2005（平成17）年『合併市町村における「テーマの豊かなまちづくり」の展開方策検討調査報告書』において，自立的で持続可能な地

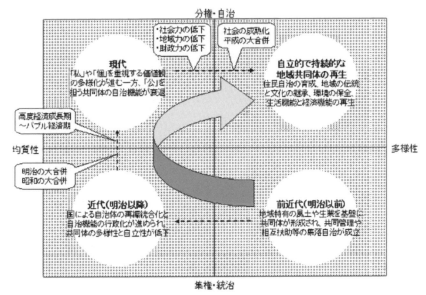

図2-1 地域共同体の変化と今後の方向性
(出所:国土交通省都市・地域整備局ほか,平成17年,p.36)

域共同体の再生をテーマにした報告を行っている(図2-1参照)。

まず,近世から現代にいたる地域社会と住民の自治との関係について以下のように述べている。前近代の地域社会は,地域特有の風土や生業を基盤としながら,住民の相互扶助による自治が成立していた。それに対して,明治以降の近代化により,集落単位の住民自治は,国家を中心とした中央集権のシステムの下部構造に組み込まれることにより,団体自治を中心とした自治の構造へと再編されてきた。その過程において,幾度かの大合併を経ることにより,現在の市町村の単位へと再編され団体自治が強化されてきた。

一方で,かつての住民自治の機能は次第に低下してきた。強化された

団体自治は，住民ニーズをあわせたサービスを提供しながら，衰退する住民自治の機能を次第に補完するように成長してきた。

しかしながら，現代になると個人のニーズの多様化に伴い，行政に求められるサービスも多様化せざるを得ない状況にある。しかし自治体の財政難を背景として，行政はこうしたニーズに十分に応えることができないのが現状である。また，近代以前には相互扶助などにより機能していた住民自治のしくみについても，近代化の過程により自治機能が衰退しつつあることから，直ちに多様化するニーズを充足するに足る公益機能を担保することが困難な状況である。

2. 地域社会の再編と地域教育の再編

（1） 地域社会再編の展望

このような状況に対して，これから新たな地域社会において自立的で持続可能な地域共同体の再生を目指すための方向性について，図式的な理解の手がかりを示している（図2-2参照）。

個人のニーズの多様化と行政の財政難，家族の孤立化や地域力の衰退などによって家族・地域をとりまく公益機能に「すき間」が空きつつある。この公益機能の隙間を埋めるための具体的な活動を育てることにより，公を担うしくみとしての地域共同体を再生することが不可欠となる。

例えば，公的な領域と私的領域の間にある「共の領域」は，本来，住民自治が担保し，近代以降はそれに代わり行政サービスとして公共が行ってきた部分である。今日のニーズの多様化等の状況を踏まえると，もう一度住民自治活動を促進することにより，このすき間を担保することが考えられる。また，市場性と公益性の間にある領域は，多様化するニーズに対して，家庭や地域，行政が関与し続けることが難しいと同時に，民間企業が参入するには採算性に問題がある領域として定義される。

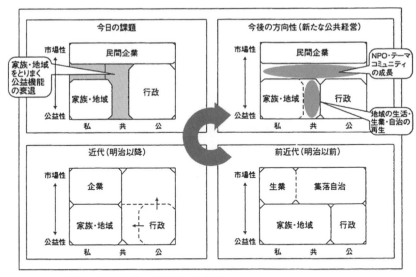

図2-2　地域の公共経営の課題と方向性
（出所：国土交通省都市・地域整備局ほか，平成17年，p.37）

　その領域については，NPO法人や多様なコミュニティ活動，コミュニティ・ビジネスなどが担保することが考えられる。住民自治の意識，活動，仕組みを再生し，自ら共同体の経営を担う主体性を確立することが地域圏形成の基盤となる。それらの共同体が自立した生活機能，自治機能を持つ一方で，相互にネットワークを形成していくとともに，住民自治と団体自治の連携を促進し，公民協働の地域経営を展開するための新たな参加・参画のシステムづくり（住民と行政の協議システム等）が必要であるとしている。福祉面でこのシステムの基盤となったのが，1997（平成9）年に成立し2000（平成12）年に施行された介護保険法である。

（2） 2つのタイプのコミュニティ

　それでは，地域コミュニティの形成に住民の学習活動がどのように関わるのかを考えてみたい。

　内閣府国民生活審議会の「コミュニティ再興と市民活動の展開」（総合企画部会，2005年）という報告の図式をみてみよう。ここでは，コミュニティを「自主性と責任を自覚した人々が，問題意識を共有するもの同士で自発的に結びつき，ニーズや課題に能動的に対応する人と人とのつながりの総体のこと」と定義したうえで，「これまでも地域の中で町内会，自治会を中心に形成されるエリア型コミュニティは存在してきた。しかしながら，高齢化，近所付き合いの希薄化などを背景に，こうした旧来のコミュニティだけでは新たな問題に柔軟に対応するには限界がみられる。一方，福祉，教育文化，まちづくりなど，特定のテーマの下に共通の問題意識を持つ人々が集まって，市民活動を展開する動きが活発になってきている。こうした市民活動を中心とするつながりの形成，すなわち新しい形でのコミュニティの創造が進んで」おり，「新しい形のコミュニティの創造，旧来のコミュニティの再活性化，新旧コミュニティの融合という様々な方向性が考えられる」としている（同報告「はじめに」）。このような新しいコミュニティのことを「テーマ型コミュニティ」と呼んでいる（社会学者のマッキーヴァーは特定の目的や関心を達成されるための集団のことを「アソシエーション」と呼んだ）。この2つのコミュニティの性質を対比したのが表2-1である。

　地域に既に形成されているエリア型コミュニティと新しく形成されるテーマ型コミュニティ，あるいはそれぞれのコミュニティの中核をになう地縁型団体と市民活動団体との間で，それぞれの性格の違いや理解不足を原因とした垣根が存在している事例が見られる。

表2-1　エリア型コミュニティとテーマ型コミュニティの特徴の対比

エリア型コミュニティ	テーマ型コミュニティ
生活全般にわたる活動	特定分野の活動が中心
原則，全世帯加入	自由な参加
行政区域内に限定	行政区域にとらわれない
行政の補助的機能	行政からの自立

（出所：国民生活審議会，平成17年，p.8）

(3) 生涯学習活動をつうじた「多元参加型コミュニティ」の形成

　このような旧来のコミュニティの機能停滞や新旧コミュニティの対立の垣根を超えていくためには，地域が抱えるニーズや課題に自ら取り組むという公共心を市民が抱くことがまず第1の前提である。その上で，①個人の自由な生活様式を前提として，幅広い世代や多様な価値観を持つ人々，社会的に孤立している人々を排除せず，その参加を受け入れる多様性と包容力（社会的包摂）があること。②地域の問題を市民自らの問題と受け止め，行政任せではなく，自立的に取り組む姿勢が必要であり，行政に積極的に提案や働きかけを行い，資金や人材など活動に必要な資源についても自立できること。③コミュニティの参加者が開放的になって，コミュニティ内部の情報を発信し，外との積極的な対話や交流を図ることの3つが条件として挙げられている。

　このことによって，地域的に区分されたコミュニティを基礎としながら，従来のエリア型コミュニティとテーマ型コミュニティが必要に応じて補完的・複層的に融合することで，多様な個人の参加や多くの団体の協働を促し，関係資本を豊かにもつ「多元参加型コミュニティ」が形成されるという。ここでいう「関係資本」とはソーシャル・キャピタル（社会関係資本）とも言われ，人と人，人と自然，人と地域，人と社会

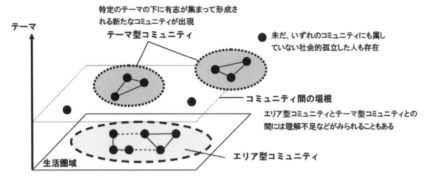

図2-3 垣根が見られるエリア型コミュニティとテーマ型コミュニティの関係
（出所：国民生活審議会，平成17年，p.9）

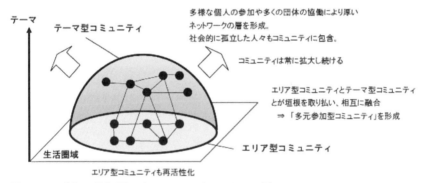

図2-4 「多元参加型コミュニティ」のイメージ

の関係の広さ，深さ，繋がり，多様性，相互性，補完性，信頼感などの蓄積であり，まちづくりの最も重要な基盤となる社会資本として定義することができる。その根幹となるのは，住民が「誰でも・いつでも・どこでも・何度でも」学べる生涯学習の機会と成果の活用である。

3. 東日本大震災からの地域社会の復興過程と地域教育

（1） 東日本大震災が地域社会につきつけた課題

　平成23年3月に発生した東日本大震災は，被災地域だけの問題ではなく，日本の地域社会全体に様々な問題をつきつけた。（地域社会学会年報第27集，2015年，ハーベスト社）地震や津波による自然災害とともに，原発事故による放射能汚染の拡大と強制退去や除染，被災者の避難先となった自治体や地域社会の受け入れ，そして復興の取り組みと多元的な支援体制，教育や医療等を受ける機会の保障，大規模災害への防災方策の立案と実施，そして身近な人を失ったなど，地域的にも課題としても広範囲に及び，具体的な事例の枚挙に暇がない。また，自然災害としての地震と津波と，人災の部分を含む原発災害は異なる性質をもつと同時に共通点もある。

　そもそも被災した地域社会の現状はどうなっているのか。被災当事者のニーズとそれに対する支援はどう行われているのか。避難生活から復興に至る過程はどのように展望され，また困難を抱えているのか。

　発災から5年以上の時が過ぎて，むしろ復興はこれから重要な時期を迎える。「インフラの整備と住宅再建が進むにつれ，街やコミュニティをどう再建していくかという問題に現実に直面するからである」。しかも，復興行政には「コミュニティとそこで生活する人々の生活を総合的な視点から復興するという視点が欠如している。つまり，災害対策基本法は存在しても，発災後の地域の復興を総合的・体系的にコントロールする復興に関する基本法がなかった」（黒田2015）。そのなかで，復興政策を進めるほどに地域社会が破壊され，人々が分断され，暮らしの復興が阻まれるという事態が起きているという指摘もある。戦後日本の国土開発の過程で地域社会に埋め込まれた災害への脆弱性という体質を抱き

ながら，果たして地域社会にその持続可能性を伸ばすような復興が行われているのか。

多くの構造的な問題を抱えながらも，「ローカルなレベルで住民が主体の生活再建，コミュニティ再建を模索する集合的な営為もなされ，地域の現場において住民の様々な実践活動に裏打ちされた復興が進んでいる」。地域教育の視点から，この過程をどのように支援できるのだろうか。

（2） 教育・文化・学術の視点にたった復興支援

『平成27年度文部科学白書』の第2部第2章「東日本大震災からの復旧・復興の進展」に，平成23年3月11日以降，文部科学省が5年間に取り組んできた事業が紹介されている（資料参照）。

とくに本科目の内容と関連が深いと思われるのは，たとえば「Ⅰ－〔3〕創造的復興教育のさらなる進呈に向けて」の①や④，さらにⅡ〔1〕で紹介されている「学びを通じた被災地の地域コミュニティ再生支援事業」であろう。

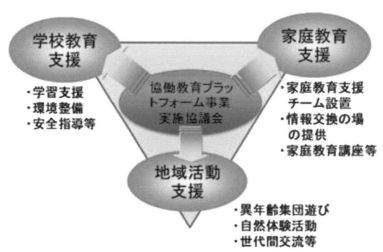

図2-5　宮城県協働教育プラットフォーム事業

たとえば宮城県においては、東日本大震災により子どもを育てる環境が大きく損なわれているため、家庭・地域・学校が相互に連携・協働し、家庭・地域の教育力の向上を図り、地域全体で子どもを育てる体制の整備が行われている（図2-5）。また、生涯学習に向けた多様な学び場やレクリエーションの場づくりを公民館等の社会教育施設や集会所をはじめ地域で推進することにより、学びを通した地域コミュニティづくりが行われている。

資料　東日本大震災からの復旧・復興の進展　一覧

Ⅰ．復興を実現する人材の育成
〔1〕復興教育支援事業
被災地の復興を支え、全国の学校教育の新しいモデルとなる教育活動を展開する
〔2〕福島県双葉郡教育復興ビジョン
原発事故により避難を余儀なくされた双葉郡8町村が、住民の離散による子どもたちの減少、避難先の仮設校舎での学習など、様々な困難を抱えて教育活動を行っている。双葉郡の教育の立て直し福島県立ふたば未来学園高校
〔3〕創造的復興教育の進展
第2期教育振興基本計画　東北型の未来型教育モデルづくり
①地域の課題を踏まえ、困難な状況を乗り越える持続可能な地域づくりに貢献する人材の育成
②学校外も含めた様々な機会での活動を通した実践的な学びなど、能動的・創造的な学びの重視
③地域・NPO法人・大学等の多様な主体と協働し、充実した教育環境の構築
④地域復興の歩みそのものが学びの対象となり、相乗効果で地域の復興をも後押しする取り組み

　創造的復興教育では、地域社会そのものが教材です。子どもたちは地域復興の歩みを学びの対象としてフィールドワーク（野外研究、実地調査）を繰り返し、自らの学びを深めている。こうした試みは、子どもたちが学ぶだけでなく、地域復興そのものを後押しするという相乗効果を生んでいます。その副産物として、子どもたちと地域の人々が共に学ぶ「学びのコミュニティ」が出現しています。「地方創生イノベーションスクール2030～地方創生のために生徒らが主体的に活躍する次世代教育モデルの創出～」

Ⅱ．絆づくりと活力あるコミュニティ形成

〔1〕学びの場を通じたコミュニティ再生
「学びを通じた被災地の地域コミュニティ再生支援事業」
「仮設住宅の再編等に係る子供の学修支援によるコミュニティ復興支援事業」（平成28年度～）
「宮城県協働教育プラットフォーム事業～家庭・地域・学校が連携・協働して子供を育てる環境づくり」　概念図
〔2〕大学や研究所等を活用した地域の再生
（1）復興に向けた教育研究活動の推進
（2）東北地方における医学部新設の特例
（3）大学における地域復興のセンター的機能の整備
（4）東北マリンサイエンス拠点の形成
（5）東北メディカル・メガバンク計画
（6）産学官連携による東北発科学技術イノベーション創出プロジェクト
〔3〕地域のスポーツ活動・文化芸術の振興を通じた復興の推進
Ⅲ．学びのセーフティーネット
〔1〕文教施設等の復旧
〔2〕就学のための経済的支援
（1）就学のための経済的支援等
（2）学生等に対する支援

〔3〕学修支援・心のケア・スクールカウンセラー
（1）スクールカウンセラーの派遣等
（2）公立学校における教職員体制の整備
（3）アスリートや芸術家によるスポーツ・芸術活動
（4）国立青少年教育施設を活用したリフレッシュキャンプの実施
〔4〕学校給食の安全安心
Ⅳ．震災後の社会を生き抜く力の養成
〔1〕防災教育の充実
「東日本大震災を受けた防災教育・防災管理等に関する有識者会議」
〔2〕学校での放射線等に関する教育
学習指導要領　社会科　理科／教職員向けのセミナー／放射線副読本
〔3〕復興を担う専門人材の育成支援
Ⅴ．原子力発電所事故への対応
〔1〕学校等における線量の低減等
〔2〕除染や廃止措置などの原子力災害を踏まえた研究開発・人材育成の取組
（1）除染技術の確立に向けた取組
（2）廃止措置に関する研究開発
（3）原子力災害を踏まえた原子力基礎基盤研究・人材育成の取組の推進
〔3〕原子力損害賠償への対応

（出所：文部科学白書2015）

【放送教材の概要】
　地域社会の変容と地域共同体の変化と衰退の過程について詳しく学ぶ。また，新しい共の領域を形成する住民のコミュニティづくりについて考える。さらに，東日本大震災の復興に家庭・学校・地域社会が協働して取り組む事例を取り上げる。

演習問題

1．コミュニティとは，どのような意味か。そこにはどのような共同性が成り立っていると考えられるのか。
2．地域社会はどのように変容してきたのか。また，地域社会の共同性を回復するために，生涯学習活動はどのように係わっていくと考えられているのか。
3．皆さんの身近な事例をとおして，地域社会が住民の学習活動を通して作られる過程について具体的に考えてみよう。

参考文献

地域社会学会編『地域社会学会年報第21集：縮小社会における地域再生』（ハーベスト社，2009年）
地域社会学会編『地域社会学会年報第27集：東日本大震災：復興のビジョンと現実』（ハーベスト社，2015年）
地域社会学会編『新版キーワード地域社会学』（ハーベスト社，2011年）
広井良典・小林正弥編『コミュニティ』（勁草書房，2010年）
マッキーヴァー『コミュニティ』（ミネルヴァ書房，1917年（邦訳1975年））
こども環境学研究〈第8巻・第1号〉特集：復興再生こどもの参画—こどもに優しいまちづくり2012年

町村敬志編『地域社会学の視座と方法（地域社会学講座１）』（東信堂，2006年）
岡崎友典・夏秋英房『地域社会の教育的再編』（放送大学教育振興会，2012年）
清水義弘『地域社会と学校』（光生館，1980年）

3 | 近代学校の成立と地域コミュニティ

夏秋英房

《目標&ポイント》 学校教育制度は1872（明治5）年に学制が発布されて以降，日本を近代化するための社会的装置として，地域社会と密接に関わりつつ，地域社会の差異を超えて平準化した教育を全国に実現してきた。本章では，近代学校教育制度が成立する過程での地域社会の関わり，学区制のもつ意味，学校のカリキュラムと地域社会との関わりについて，歴史に即して考えていく。
《キーワード》 近代公教育制度，地域社会，学校教育，番組小学校，郷土教育

1．学校教育制度と地域社会

（1） 学校教育制度の創設と地域社会の対応

まず，日本における学校と地域社会との関係を歴史に沿って見てみよう。

日本における近代的な学校は1872（明治5）年の「学制」から出発した。学制は欧米先進諸国の教育制度を参考にして制定され，文部省布達として公布された教育法制であり，学制の序文には福沢諭吉の開明的な思想が色濃く反映されている。その制度の特性を石川松太郎は次のように整理して示している。

1．文部省が全国の教育行政を統括する，2．小学・中学・大学と続く学校体系を設ける，3．小学には全ての子どもが入学することを原則とする，4．学区制を採用し，全国を8大学区，256中学区，53,760小

学区に区分する，5．授業料を徴収する，6．各学校とも近代諸学を中心とする教科目によって教育課程を編成する（石川松太郎「学制」（日本教育社会学会編『新教育社会学辞典』東洋館出版社，1986年，所収）p.73）。

　ここにも示されているように，日本における近代的学校はその創設当初から学区制を持ち，地域社会との関連の上に設置された。実際には明治維新後わずか5年の時点で，地方自治体の体制や財政が確立されていない中での学校の設置・運営は地域社会と住民に大きな負担を課するものであった。地域社会とその住民は子どもたちに近代的な教育を受けさせるために，物心両面にわたる負担を引き受けたのである。

　その典型的な例は，第2節で取り上げる京都市の「番組小学校」の創設や，長野県佐久市の「旧中込学校」の建設の経緯にも見ることができよう。

　しかし他方で，家業を支える労働力である子どもを学校に通わさねばならず，さらに学校の設置にかかわる費用負担と授業料の負担が課せられることへの反発と，また重い地租や兵役が課されることへの抵抗もあり，学校を焼き討ちする騒動が各地で起きる事態もあった。

（2）　学区と地域社会の関係

　ところで，学区には通学区域という意味の他に，学校を設置する区域，さらに学校を設置する主体としての意味もある。学制では，通学区域，学校設置区域，学校設置主体という3つの性質を学区は包含していた。

　しかし，1879（明治17）年の教育令以降，学区は区町村等の行政単位と重ねられる過程で通学区域だけの意味となる。「本来，学区制の創設は近代社会の新しい地域秩序をつくりだす意図をもっていた。そのために，学区という新たな地域単位が旧村などを無視して発足するはずで

あった。しかし実際には，新たに設定された学区は，旧村等を基盤として発足したうえに，その後の歴史的過程の中で市町村に重ねられ，当初の意図は著しく後退することになった。」（葉養正明「学区」『新版現代学校教育大事典』ぎょうせい，2002年，CD-ROM版）

　第二次世界大戦後も，学区には通学区域という意味だけが残された。
　ところで，1886（明治19）年の森有礼による4つの教育令以降，近代学校教育制度が整っていくなかで，3つの要請に応える社会的装置として学校教育は発展していった。すなわち，①国民の育成と統合というナショナリズムの要請と，②質の高い労働者の育成という資本主義の要請，そして③子どもへの教育の機会と学校を利用した社会的上昇移動の機会の享受という庶民の教育欲求，すなわち民主主義の要請である。このような要請に応えるべく，学校は教育機関として地域社会に欧米の文化を伝える文明開化のチャンネルとしての機能だけでなく，行政機関の働きも兼ねていた。
　一方，学区には，子どもたちが就学する学校を指定する通学区域としての機能以外の働きが加わった。
　「最も重要なのは，学区がそれぞれの学校の地域社会的基礎を形成する機能を果たしてきたことである。元来，明治初期に学区が形成される際には，既に存在した地域社会に適合的につくられた。そのうえ，各学区には地域のシンボルとなる学校が設置されたために，学区は学校と地域社会とを結びつける重要な機構となった」（葉養，同上）のである。
　現在，通学区域を明確に定めているのは高等学校であって，公立の小・中学校では市町村が学区である。ただし，そこに複数の学校がある場合には市町村教育委員会が就学すべき学校を指定するよう定められており（学校教育法施行令5），実質的に各学校ごとの通学区域が設定されている。これは教育水準を維持し，教育の機会均等を実質的に保障す

るための措置であり，命令的性質をもつ一方，保護者の意向に配慮する。

　このように学区は学校の設置区域として，また就学者の居住区域として，学校を地域社会のものと意識させる上で重要な役割を果たした。また，児童期の子どもの日常生活行動の地域的範囲を規定するという点で社会化空間として大きな意味をもってきた。他方，学校が地域の政治構造と不可分の結びつきをもつ点や，地域社会の社会構造が児童生徒集団の社会的構成に反映する点など，負の側面も持つことになった。

（3）　通学区域の弾力化と学校選択制

　20世紀末から，通学区域の弾力化，さらには学校選択制の動きが出てきた。これは保護者の選択により就学すべき学校の指定を行おうとするものである。文部科学省は1997（平成9）年に「教育改革プログラム」にもとづき「通学区域の弾力的運用について」通知し，2002（平成14）年には「学校教育法施行規則」の一部を改正したので，小・中学校の学区について1割を超える自治体が学校選択制を導入するに到った。

　通学区域制度の弾力化については，自ら選択した学校に子どもを通わせることにより，子どもとその保護者と学校とのつながりが強まるという議論があった。その反面，農村部のように学校の統廃合が進み，通学区域が広大な場合は他の学校に通学することが困難であり，地方では実現不可能であること。また，学校と地域社会の関係を弱体化し根こそぎ失われる傾向があること。さらには「良質な教育サービス」を求める保護者の学校選択によって学校経営に市場主義的な競争原理が導入され，教育活動に弊害がもたらされることなど，問題点が指摘されている。

　児童生徒と保護者に学校教育を保障するよりよい公立学校のあり方や，公立学校と地域社会との関わりはどうあるべきか，という根本的な問いが通学区域問題の動向の基底にあり，各自治体の教育委員会はこの問い

を深くとらえて施策を講じることが要請されているといえよう。

2. 地域住民の手による学校の創立と運営

　さて，第1節に述べたように明治5年の学制発布により日本の近代学校教育制度は出発した。このような上からの教育改革に対して，これを住民はどのように受け止めたのか。

　まず，都市部における京都市の番組小学校の例を見てみよう（岡崎・夏秋，2012年，p.53）。戊辰戦争で荒れ果て，江戸への遷都により都でもなくなり，住民が流出して産業が衰退する事態に直面して，京都の再興は人作りにあると考え，京都市は学制発布に先駆けて，小学校を自治組織（町組）で設立した。町組は1868（明治元）年に組織されたものであるが，その翌年には学校建設のために番組という組織が編成され，これを新学区として各々の番組に合計64の小学校が明治2年中に建設された。

　京都市の復興と近代化のために番組小学校が果たした役割は大きい。たとえば，学校は「町役溜り」（現在の区役所）や消防団，警察署など，地域社会に必要な，裁判所以外のすべての機能を集約して備えていた。住民の手により番組小学校を運営するために1871（明治4）年には「小学校会社」がつくられ，住民から「かまど金」を徴収してこれを貸し付け，運用して学校の資金を生み出すなど，小学校の土地・建物をはじめとした学区財産の運用がなされている。福沢諭吉は『京都学校の記』のなかで，次のように述べている。

　「京都の学校は明治2年より基を開きしものにて（中略）小学校と名る者64所あり。市中を64区に分て学区の区分となせしは，彼の西洋にて所謂スクールディスクリックトならん。」

　その後，昭和16年に国民学校令がひかれて小学校の名称が国民学校に

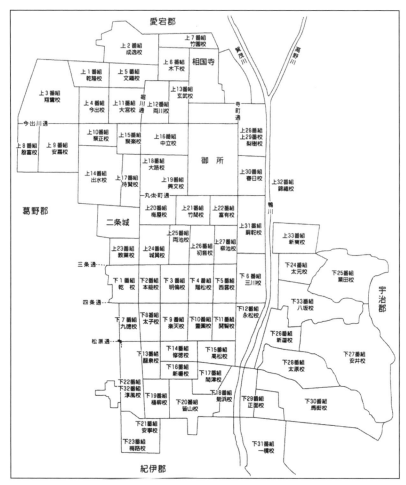

図 3-1　京都番組区画図（明治 2 年正月晦日改正）

(作成：京都市歴史教育博物館)

改められるとともに，京都市固有の学区は廃止され，学区財産は京都市へ移管された。（※京都市学校歴史博物館）第二次世界大戦後は新たな教育制度のもとで，12校の小学校が中学校へと転用された。

また，農村部の例として，長野県佐久市にある「重要文化財・旧中込学校」がある。旧中込学校は当時の3つの村が組合立で設置したもので，住民から寄付を募って創立された。佐久の出身でアメリカで建築を学んで帰ってきた頭領によって洋風建築の校舎が1875（明治8）年に建てられている。

図3-2　旧中込学校（長野県佐久市）　　　　（撮影者　夏秋）

　都市部においても農村部においても学校を地域住民によってそれだけに現在にいたるまで，学校は自分たちがつくったとの想いが受け継がれ，京都では旧来の学区（もとがっく）が生活の基礎となっている。

3. 地域文化を伝えつくり出す教育の源流

（1）　地域に根ざした教育とは
　「郷土」に教育的価値を認める教育思想の源を直観教授にたどれば，

16世紀のコメニウスからルソー，ペスタロッチから20世紀のディースターヴェークにいたるまで連綿と続いているが，ここには2つの方向性がある。

1つは教授原理としての郷土教育で，実物教授・直観教授の内容・方法として郷土の自然・社会から教材を取り上げようとする。もう1つは郷土科という教科として，1919年から全ドイツ小学校会議により設置され始めてから世界的な郷土教育運動が展開された。教科としてカリキュラムに位置づけ，郷土の理解，郷土の愛をもった実践的な人間の育成を目指していこうとする（浜田陽太郎「郷土教育」『新教育学大事典』第一法規，1990年）。現行のカリキュラムにおける郷土の位置づけは，社会科の教材でもあり，また道徳性のうちの郷土愛を育てようとするものでもあり，この2つの方向性が内在しているといえよう。

岩崎正弥は地域や「土地に根ざす」ことについて，次のように述べている。

　　自らが暮らす土地に根ざすこととは，「根っこを掘り下げ」ていくことであり，そのとき＜認識としての場＞を発見し，それにふさわしい＜構造としての場＞に変えるための活動をする動きが起こるだろう。あるいは逆に，あらかじめ＜構造としての場＞に働きかける活動をし，その過程で＜認識としての場＞を発見する場合もありえる。こうした一連のプロセスを＜場の教育＞と呼んでみよう（岩崎正弥・高野孝子『場の教育』農文協，2010年，p.29）。

この「場」とは＜開かれ，生み出し，包み込む＞特質をもつ空間であり，認識のある到達点でもあり（認識としての場），場所環境がもつ固有の雰囲気でもある（構造としての場）という2つの面が連動しながら変容していく。「いま・ここの地域の場を知るとき，地域を愛し，地域を育てる思いが芽生えるだろう」「かかわりかたはさまざまでも，思い

を共有しつつ，できる範囲で地域を育てる行為に参画することが，場の教育の目指すところだ」と岩崎は述べている。また，郷土愛とは，「同じ土地に暮らす人びとを大切にし，その土地の歴史と文化を尊重し，その土地の自然環境を守り育てること」であり，自地域への誇りにかかわる地域アイデンティティと言い換えられるという（前掲，岩崎・高野，p.98）。

（2） 地域教育論の系譜

　このような地域に根ざした教育を取り戻すために，地域社会の教育的編成を問い，学校と地域社会の関係を再検討して，地域社会の教育編成という実践的課題を設定し，その解決に取り組もうという試みは，決して新しいものではない。清水（清水，1980年）の議論をもとに地域教育論の系譜を整理しておこう。

　明治中期から大正初期にかけて，社会教育の立場からこの課題に関心が寄せられ，庵地保，山名次郎，吉田熊次らは，通俗教育や社会教育を「学校教育の補足」とみなして社会教化をはかるべきだと説いた。

　さらに大正後期に入って，佐々木吉三郎，田子一民らは，学校を中心とする社会教育や市町村教化を進めるとともに，社会改良の立場から「学校拡張」を説いた。また，昭和初期には，小川正行，小田内通敏，入沢宗寿，石山脩平，さらに文部省普通学務局によって，郷土教育の理論や運動が現れた。これは郷土の自然，文化，人事（社会事象）を教科や教材に取り入れ，郷土愛を育成することを目的としていた。

　その後，第2次世界大戦直後から昭和30年代にかけて，アメリカ合衆国のL.A.クックやE.G.オルセンらの新教育思想の影響を受けて，「地域社会学校論」や「地域教育計画」が登場した。その代表的論者は，石山脩平，海後宗臣，矢口新，大田堯らであった。これは教育内容に対す

る国家統制を排除するという基本的立場から，各地域・学校において「地域に応ずるカリキュラム」を自主的に編成し，とりわけ社会科を中心として児童生徒に地域社会の実態と問題を直接に認識させて社会的・実践的態度を身につけさせ，地域社会の改造を図ろうとしたものである。終戦直後の地方分権思想の展開，農業を中心とする国民経済，人口の農村・地方都市滞留などを背景とした議論と運動であった。

　この地域社会学校論や地域教育計画論は，地域カリキュラムの編成にあたっては必ず住民の協力が得られる，住民は町や村の小さな生活圏に安住する，そしてこの地域社会はいつまでも変動しないとう願望や期待に立つものであったので，その後工業化が進展し人口の都市移動が活発化すると，理論と展望を欠いていたために衰退した。

（3）　郷土教育運動
　さて昨今，地域文化が見直されているが，その背景には，国家の枠を超えたグローバリゼーションが進む一方で，再開発や環境破壊によって場所の記憶が失われたり空間が再編されて固有性が薄れつつあるからである。そのなかで，「まちづくり」「地域文化の創造」という文脈において教育をとらえかえし，人々は自己のアイデンティティの根拠となる「ローカリティ」すなわち「その土地の固有性（『らしさ』）を求めて，人々の記憶や歴史，物語などを発掘し，構築し，消費しながら地域文化の創造へと向かって」いく。そこでは「地域文化は核となるシンボル（象徴）として注目されている」のだと有末は述べている（前掲，地域社会学会編，2011年，pp.270-271）。

　このように地域に目を向け，地域の再生を担う主体的・再帰的な学びと活動の方法として，地域社会に根ざした教育をより強く志向する思想と実践の歴史的な流れがある。それは岩崎正弥によれば，「明治後期の

学校教育批判に端を発する新教育運動から，大正自由教育運動，農村教育運動，郷土教育運動，デンマーク型教育運動など」であって，これらに共通する土台は＜土地に根ざした教育＞という特徴であるとしている（岩崎正弥・高野孝子『場の教育』農文協，2010年，p.70）。

　なかでも郷土教育運動は，学校教育の内容と地域社会の関係を密なものとしていこうとする考え方で，1920（大正9）年代に展開された。郷土教育とは「抽象度が高い国や世界の観点からだけ教育を考える傾向や学問的な体系のみに依拠して教育を考える傾向に対して，具体的な人びとの生活している郷土の社会に足場を置き，これに愛情をもって奉仕する人間を形成するために，郷土に教材を求め，さらにそこから広く発展していく教育の目的・内容・方法を具現化する教育実践ならびに教育主張である。」（朝倉隆太郎「郷土教育」（日本教育社会学会編『新教育社会学辞典』東洋館出版社，1986年，p.291）

　一般に郷土教育は，科学的な調査に基づく郷土の客観的把握を目指すものとして知られているが，昭和初期に2つの方向性をもって盛んになった。1つは農村の学校で郷土の貧困をいかにして救うかという観点から，学校が郷土の更正に一役を果たすべきだという教育を実施しようとして，尾高豊作，小田内通敏らによって郷土教育連盟が結成された。

　もう1つは，文部省が「教育の実際化，地方化」を掲げ「愛郷，愛国の精神」の涵養を意図した郷土教育に力を入れ，1930（昭和5）年から「予算措置も講じながら全国の師範学校や小学校に郷土研究を奨励し，学校現場からも期待を持って迎えられている。まさに教育運動というにふさわしい動きだったのである。」（前掲，岩崎・高野，2010年，p.89）このように郷土を対象とした大教育運動が展開され，思想的には社会主義，農本主義，全体主義（ファシズム）など百花繚乱であったが，いずれも農村（地方）の地域課題，すなわち経済の貧困および生活の貧困と

いう二重の貧困への対応と，実践＝地域変革が重視されたという点で共通している。そして，岩崎に拠れば，1910～1930年代の運動は自立と連帯の地域社会構想を提示した「土の教育運動」，地域学の源流としての「郷土教育運動」，地域を育てる人材育成を実践した「デンマーク型教育運動」の3つの潮流があった（同，pp.70-73）。

一方，都道府県の小学校のカリキュラムにおける郷土教育に関して，高島は次のように述べている（岡崎・高島・夏秋，2008年，pp.92-93）。

郷土教育に関しては，1927（昭和2）年に文部省が各都道府県の小学校に対して照会した結果が残されているが，それによると郷土教育は次のように理解されていた。

①児童に郷土に関する知識を与えること
②郷土を教授の基礎とし，手段とする教育
③教育の郷土化あるいは地方化
④各教科の郷土化あるいは郷土を統合の中心とする教育
⑤よき郷土建設のための教育（飯田晁三「郷土教育」（『教育』第3号，岩波書店，1931年，p.52）

また，1931（昭和6）年に海後宗臣・飯田晁三・伏見猛彌によって実施された「我國に於ける郷土教育と其の施設」調査では，郷土教育の実際について「教科目における郷土教育」として，①教科目を十分理解させるために郷土の事象を利用する，②郷土に関する知識を与える，③郷土の実際的要求を充たすように教材を選択配列する，などの例があげられている。

郷土教育は，やがて，日本精神の涵養という側面が強調され，戦時体制に組み入れられていった。

第二次世界大戦後は，主として社会科教育において「郷土」が扱われてきたが，1968（昭43）年以降の小学校学習指導要領においては「郷

土」に代わって「地域」という概念が用いられた。2006（平成18）年の教育基本法において「我が国と郷土を愛する」と，国家に次ぐ形で郷土の2文字が置かれたのは先述のとおりである。

　現在の地域社会は，人口減少や極端な過疎化，少子高齢化，行政合併によってその存続が危ぶまれている。さらに2011（平成23）年には東日本大震災と原子力発電所の事故によって，地域生活を根こそぎ奪われる事態に多くの人々が直面している。地域社会の「再生」「復興」のために教育にはなにができるのか，しなければならないのかを，郷土教育の「伝統」を思想的・実践的に踏まえながら，新たに構想し実践していく時を我々は生きている。そこでは地域社会について学び，また構成していく主体としての市民を形成する教育のあり方が問われるであろう。

【放送教材の概要】
　明治時代の学校制度創設の過程に焦点をあてて，学区の意味や，学校教育が地域社会にどのような変化をもたらしたかについて考える。また都市部の事例として京都市の番組小学校の成立と展開を，また農村部の事例として長野県佐久市の旧中込学校を手がかりにして，考察を進める。

演習問題

1. 学校教育制度の創設にともない，学区制が敷かれましたが，これは地域社会にとってどのような意味をもったのか。
2. 地域社会にとって学校があることはどのような意味をもつのか。また，学校が統廃合されることはどのような影響をもたらすのか。身近な事例を参照して，学校と地域社会の歴史を調べたりしながら，考えてみよう。

3．地域の生活や文化について，学校ではどのような内容や方法で教えているのか。また，地域について住民はどのように学んでいるのか。身近な事例について考えてみよう。

参考文献

新井郁男『学校教育と地域社会』（ぎょうせい，1984年）
葉養正明『よみがえれ公立学校』（紫峰図書，2006年）
井上健「コミュニティ・スクールで何が変わるのか」東京都市大学『共通教育センター紀要』vol.4（2011年，153～168ページ）
伊藤純郎『増補郷土教育運動の研究』（思文閣出版，2008年）
岩崎正弥・高野孝子『場の教育』（農文協，2010）
広田照幸『日本人のしつけは衰退しているか』（講談社現代新書，1999年）
岡崎友典・高島秀樹・夏秋英房『地域教育の創造と展開』（放送大学教育振興会，2008年）
岡崎友典・夏秋英房『地域社会の教育的再編』（放送大学教育振興会，2012年）
清水義弘『地域社会と学校』（光生館，1980年）
住田正樹『地域社会と教育～子どもの発達と地域社会』（九州大学出版会，2001年）
若林敬子『学校統廃合の社会学的研究』（御茶の水書房，2012年）
和崎光太郎『明治の〈青年〉』（ミネルヴァ書房，2017年）
花井信・三上和夫編『学校と学区の地域教育史』（川島書店，2005年）

4 コミュニティスクール（地域社会学校）と学校・地域づくり

玉井康之

《目標＆ポイント》 学校と地域の発展のためには，学校教育と社会教育の両方が必要であること，そのために，学校評議員制度や学校支援ボランティア制度を経てコミュニティスクール政策が登場してきたことを理解する。
　またコミュニティスクールでは，学校支援の役割が明記されたこと，学校運営協議会と地域学校協働本部の両方の役割が重要であること，これにより多様な活動が可能となり，子どもの発達に良い影響をもたらすことを理解する。学校づくり活動と地域づくり活動は相乗効果をもたらすものである。この両方を含むコミュニティスクール政策は，近年の地方創生政策にもつながっていることを理解する。
《キーワード》 学社融合，開かれた学校づくり，学校評議員制度，学校支援ボランティア，学校支援，学校運営協議会，地域学校協働本部，家庭教育支援，地域づくり，地方創生，社会貢献，自然体験活動，社会体験活動

1. 学校・家庭・地域の連携の必要性と学校評議員制度

（1） 学校・家庭・地域の連携と「学社融合」の課題

　学歴競争・進学競争が極めて激しくなる1970年代から，子どもの教育課題は，学校で学ぶ学習内容の到達度や学力獲得競争に収斂されていった。特に日本の雇用制度は新卒一括採用・終身雇用制度が定着しており，就職に有利な学歴と進学先を獲得しておくことがその後の生活の安定につながる条件となっていた。

学歴を獲得する上で，日本の入試は，入学段階で厳しい選抜が行われていたため，大学入試を見越して早くから学校の学習内容に取り組む方が入試には有利だとされた。そのため保護者や社会一般の意識も，"学力"がその後の人生を左右する大きな問題として意識されていった。このような入試制度と雇用制度によって，子どもたちは学校や教科書の勉強はするが，教科書以外の学習・読書活動も，学校以外で身につける知識・技能もあまり必要ではないという意識をもたらしてしまった。すなわち学校教育と学校外教育は分離する方向で進んでいった。

　一方学歴競争・進学競争が激しくなるにつれ，学校の学びだけで良いのかという問いも社会一般に投げかけられるようになった。かつて子どもたちは，地域の子ども集団の中で人間関係能力を身につけたり，遊び活動・体験活動の中での創意工夫や企画運営力など，社会に出る上で必要な能力も身につけていた。また家庭での生活習慣やマナーなど学校で教えない基礎的な生活力を身につけていた。このような学校以外での家庭や地域で身につけていた力が徐々に失われていく中で，学校教育と学校外教育の融合が大きな課題となっていった。

　学校外教育を担当していたのは社会教育分野であり，社会教育活動では自然体験活動・社会体験活動・生活体験活動など学校教育では行いにくい活動を担当していた。また地域づくり活動・ボランティア活動など，社会貢献と密接な関係を有する活動を行っていた。これらは学力の得点とは直結する訳ではないが，社会生活を営む上で，社会性・協調性や奉仕的能力など，人間的な能力を身につける重要な学習活動である。

　学校教育はこのような社会教育活動と連携することが重要であるとされ，学校教育と社会教育の融合としての「学社融合」が課題であった。この「学社融合」の中の社会教育は，社会教育行政が主催する教育活動だけでなく，民間団体や地域団体の活動や家庭内で行う家庭教育活動も

含まれる。要するに，子どもを取り巻くあらゆる意図的・無意図的活動や環境が，子どもの発達・成長に影響していることを理解しておくことが重要になる。学校と学校以外で身につける力を合わせもってはじめて，総合的な人間の発達が促される。

（2） 開かれた学校づくりと学校評議員制度

「学社融合」が課題となって，学校が地域に開かれ，また学校・家庭・地域がより良く連携できるようにするためにも，保護者や地域住民が学校運営に参画する仕組みを作ることが重要であった。そのため，2000年度から「学校評議員制度」が導入された。この学校評議員制度は，学校が保護者・地域住民の信頼に応え，家庭・地域と連携しながら子どもたちの健全な発達を促進していくことを目的として導入されたものである。学校評議員は，校長が教育に識見と理解ある人を委嘱し，校長が行う学校運営に関し，意見を述べることができるようにするとしている。

学校評議員制度の導入によって期待される効果としては，①保護者や地域住民等の意向を把握し反映すること，②保護者や地域住民等の協力を得ること，③学校運営の状況等を周知するなど学校としての説明責任を果たしていくこと，である。すなわち学校運営に関して保護者・地域住民の意向を反映するとともに，保護者・地域住民の協力を得られる制度を構築していくことが重要になっていた。

一方学校に対しては，本来家庭・地域で担うべき指導内容も依頼されるようになり，学校教師が担いうる内容にも限界が生じていた。学校の問題としては，学力向上・非行・不登校・いじめ・生活習慣の崩壊・学級崩壊現象など，様々な問題が生じていた。もともと学校教員は極めて多くの指導内容を担っているが，子どもの問題は学校の問題に起因しているだけではない。子どもの問題は複合的な要因が絡んでおり，これら

を学校にだけ責任を負わせることはできない。日本の教師の勤務時間は世界的にも長く，家庭や地域が持っていた役割も学校に求められるようになる中で，ますます教師の多忙化が進んでいった。

(3) 教育活動の多様化と学校支援ボランティア制度

様々な教育活動の取り組みが求められる中では，学校運営への参画と同時に教師・学校を支援する取り組みを強めていくことも重要になる。学校評議員制度と併行して提案されてきたのは，学校支援ボランティア制度である。学校支援ボランティア制度は，様々な保護者・地域住民が学校の教育活動等に関わる活動の総称であるため，必ずしも決まった支援内容・制度があるわけではなく，学校の求めと地域の実情に応じて展開するものである。特に近年は保護者だけでなく，一定の時間的余裕のある高齢者の力を借りて，高齢者の職業経験や生活経験を活かした活動を展開する学校も増えてきた。

学校支援ボランティア制度は，元々学校だけでは担えない活動を地域住民に協力を依頼しながら，子どもたちの多面的な発達と学校の活性化を図ることが目的であった。内容としては，登下校の安全監視・読書活動支援・土日スクール補助・体験活動指導・昔遊び指導・料理教室指導・学校祭や運動会等の学校行事支援・総合的な学習活動支援・個別学習活動支援・親子レクレーション参画，花壇等の環境整備などがある。

このような学校支援ボランティアは，学校を支援し子どもたちの多面的な発達を保障することが大きな目的であるが，さらに地域にとっても学校を核にして地域住民の交流が促進される効果もある。また学校支援ボランティア活動を行った人自身の達成感や生きがい感も高まり，社会参加活動が促進される効果もある。したがって学校支援ボランティア活動は，地域にとってもメリットがある。

2. コミュニティスクール政策の新たな展開と協力体制

（1） 学校・家庭・地域の連携とコミュニティスクール政策の登場

　学校・家庭・地域の連携が重要であるという認識は徐々に教育関係者の中に広がり，2004年の中央教育審議会答申「今後の学校の管理運営の在り方について」では，新しいタイプの公立学校を提案している。これは学校運営協議会を設置して，保護者・地域住民が学校運営に参画するという地域運営学校である。この学校運営協議会を設置した運営形態の学校をコミュニティスクールと称している。

　この学校運営協議会の役割は，学校評議員に比べて大きな役割を持っており，校長の教育方針の承認・学校運営に関する意見提案・教職員の任用に関する意見の提案などの役割を持っている。学校運営協議会を設置した学校では，これにより保護者・地域住民の学校理解が進んだり，保護者・地域住民が学校の教育活動に協力的になったりしている。また特色ある学校づくりも進み，学校が活性化している。

　一方コミュニティスクールでは，地域と連携する上での時間的な負担や学校運営協議会が教職員の任用に関わることなどが，学校にとっては必ずしもプラスになる訳ではなく，これらの学校の負担が課題となっていた。コミュニティスクールの重要な目的は，学校が単に地域に貢献するためだけのものではなく，また学校バッシングに応えるためのものでもない。あくまでも子どもにとって良いものかどうかを検討することが不可欠である。そのためコミュニティスクールの目的としても，子どもの発達支援・学校支援を明記することが重要である。

（2） コミュニティスクールにおける学校支援の明確化と協働体制

　2015年12月の中央教育審議会答申「新しい時代の教育や地方創生の実

現に向けた学校と地域の連携・協働の在り方と今後の推進方策について」では，さらに学校・家庭・地域が協働できるようにコミュニティスクールの運営方法が改訂された。改訂の方向性は，以下のような内容である。

　第一に，学校運営協議会の役割として，「学校を応援し，地域の実情を踏まえた特色ある学校づくりを進めていく役割を明確化する必要」があると明記したことである。すなわち学校を応援する役割が明記された。これまで学校運営協議会は学校運営に関して意見を述べることだけが規定されていたが，学校運営だけでなく，学校支援の企画・立案を行えるようにし，学校支援に関する学校と地域住民等との連携・協力を促進していく仕組みを作ることが重要であるとした。

　第二に，学校運営協議会における校長のリーダーシップを発揮できるようにした。これまで学校運営協議会の委員は教育委員会の任命とされており，校長の関与は特段なかった。この委員の任命に際して，校長が意見を申し出できるようにし，校長が委員任命においてもリーダーシップを発揮できるようにした。特に地域コーディネーターなど学校支援活動に携わる人を積極的に学校運営協議会の委員として参画してもらうなど，学校支援活動を進めやすくするようにした。すなわち校長の方針を促進できる人を任命することが重要であり，単なる充て職で委員となるものではない。

　第三に，教職員の任用に関する意見を柔軟に対応できるようにした。これまで教職員の任用に関しては任命権者に関して，意見を申し出ることができるとしていたが，個人を特定しない形での意見にするなど，意見内容も柔軟な運用にした。また教職員の任用に関する意見は，任命権者の任命権の行使そのものを拘束するものではないとした。これによって，学校の人事権の運用が確保されている。

第四に，小学校と中学校などの複数校を対象にした学校運営協議会の設置を可能とした。これまでは学校ごとに学校運営協議会を設置するようになっていたが，小中一貫教育など小学校と中学校の連続性を図る観点から，複数校を対象にした学校運営協議会を設置できるようになった。
　このように変更することで，学校と地域がより対等に協議し，学校にとっても運用しやすくなり，コミュニティスクール指定校をいっそう増やすことができる。コミュニティスクールの指定校は年々増えているが，さらに中央教育審議会答申では，全ての公立学校がコミュニティスクールを目指すべきであるとし，教育委員会に学校運営協議会設置の努力義務を課している。
　このような答申を受けて「地方教育行政の組織及び運営に関する法律」が一部改正され（2017年4月1日施行），すべての公立学校において学校運営協議会の設置が努力義務化された。

3. コミュニティスクールにおける学校運営協議会と地域学校協働本部の役割

（1）　学校運営協議会と地域学校協働本部との関係

　コミュニティスクールにおける学校と地域の関係は，信頼関係が母体となる。学校が地域に支援を要請するだけでは，学校を支える地域の活動は発展しない。逆に地域が学校に一方的に意見や要望を述べても，学校が担える余裕や人員がなければ実現することはできない。実際に学校教師の教育活動内容も増えており，学校・教師に地域が要望するだけでなく，地域の中で学校を支える体制をいかに作っていくかが重要である。
　コミュニティスクールにおいては，学校運営協議会が学校と地域を媒介する重要な組織となる。その上で，地域の中に地域をコーディネートする組織があり，この組織が地域をコーディネートした上で学校運営協

議会と連携すれば，より有効な学校と地域の連携活動を作ることができる。したがって未来形のコミュニティスクールとしては，学校運営の組織と地域をコーディネートする組織の両方が必要になる。学校運営の組織としては，学校運営協議会があり，地域をコーディネートする組織としては地域学校協働本部があり，両者の連携がコミュニティスクールの発展にとって重要になる。

（2） 未来形の学校運営協議会の役割と可能性

　学校運営協議会は，学校運営に関して協議する機関であるが，学校内の教育活動を活性化するためには，学校内に地域連携担当教員を配置し，総合窓口を一本化する必要がある。学校の教育活動は，個々の教師が別々に動いているのではなく，学校行事や地域体験活動や教科カリキュラムにしても，学校全体の教育活動の統一的な調整が不可欠となる。

　学校が地域に期待する活動も個別の活動の要請ではなく，教育活動が結びつきながら，総合化・ネットワーク化していく必要がある。特に近年は，各教科の内容も社会・生活と結びついた「社会に開かれた教育課程」が求められており，学校内の教育活動やカリキュラムと地域の素材・人材が有機的に結びついていくことが求められている。学校内の教育活動も，学習支援やキャリア支援や特別な発達支援など，様々な教育活動が考えられ，多様な内容と方法のアイデアが求められる。

　このような学校全体の総合的な教育活動の調整を行いながら，校長は学校運営協議会の委員に学校運営の基本方針と活動内容を説明し，その基本方針の承認を得る。同時に学校運営協議会において，学校支援の具体的な活動内容について企画・立案しながら，地域にも具体的に要請していく必要がある。

（3） 未来形の地域学校協働本部の役割と可能性

　地域学校協働本部は，地域をコーディネートする総合的な調整組織である。この地域学校協働本部には地域コーディネーターを配置し，地域コーディネーターが総合的な窓口となって，地域の様々な団体・個人や地域活動内容を調整していく。また学校での活動時間を把握しながら，土日・放課後・休み時間など，学校内での団体・個人の活動日程調整も進めていく必要がある。

　地域学校協働本部に求められる機能は，第一に学校との仲介組織となって地域活動団体・地域住民をコーディネートしていくことである。第二に，地域の多様な活動を担える学校支援ボランティアを新たに発掘し，学校の活動とつなげていくことである。学校の活動も多様であればあるほど，子どもたちの多面的な発達をうながすことができる。すでに存在する地域の団体や活動も，学校と関連する内容に少し再構成するだけで，学校関連団体となる可能性は高い。第三に，1回だけの単発的な活動に終わらせずに，次年度も含めて継続的にできるように組織・活動の継承・改善を図っていくことである。継続的に活動できるように，活動の反省に基づきながら，組織体制を整えたり，活動内容を簡略的・合理的に運用していく必要がある。

　地域の団体や地域住民には様々な専門家が存在するが，家庭教育や社会教育などのあらゆる分野から，学校に協力的な団体・個人を発掘し，継続的に活動できるようにコーディネートしていくことが重要になる。保護者や地域の団体としては，PTA・青少年育成団体・少年団・子育てサークル・趣味サークル・地域活動サークル・郷土史サークル・社会教育登録団体・環境教育団体・地域作りNPO・公的研究機関・民間教育団体・文化団体・スポーツサークル・協同組合・経済団体・福祉団体・ボランティア団体・高齢者団体・労働関係団体・警察・消防団・保

健施設・連合町内会，など様々な団体がある。

　このような様々な地域団体・専門機関・地域住民に対し，学校との連携活動として何ができるかを把握していく。また同時に，学校の教科学習活動・総合的な学習活動・特別活動・放課後活動・土日活動・子どもの地域活動・家庭教育支援活動，など様々な学校教育活動を支援できるように調整していく必要がある。これらのような地域コーディネートの役割が地域学校協働本部の重要な役割となる。

4. コミュニティスクールによる多様な活動と子どもの発達

（1）コミュニティスクールにおける多様な大人の関わりと子どもの多面的な発達

　現代の子どもたちは，スマートフォンや電子ゲームなどで直接的な人間関係の中での遊びが少ないと言われている。また同質性の高い子どもどうしでつながる傾向が強く，異年齢・異世代の人や異なる考えを持つ人たちとのつながりが少ないと言われている。すなわち現実の地域生活の様々な体験的な機会に触れる機会が少なく，いわゆるバーチャルな世界の中で生活していると言える。

　このような中で，コミュニティスクールでは，地域住民など多くの人たちが学校に関わるために，子どもたちは生活や社会と結びつく様々な知識・技能に触れることになる。すなわち教科書の知識だけでなく，現実の社会や大人の発想とつながるため，子どもの発想や知見を広げる契機となる。このことは，子どもが大人になっていく上で求められる「生きる力」を育むためにも極めて重要な機会となる。

　教科書では一般的な傾向としてのエッセンスだけを簡潔に記述している。教科書の記述自体は間違いではないが，現実の複雑な現象を捉える

際には，一般的な傾向の他に例外的な現象もあり，様々な葛藤や複雑系の現実に照らし合わせながら考えていかなければならない。その際に，大人たちの様々な生活経験や専門的知識・職業的技能などに触れることによって，教科書の背後にある様々な知識・技能・生活の知恵などに触れることができ，それだけでも子どもたちの発想を広げることができる。教科書の背後に様々な専門的知見があると思って教科書を学ぶことと，教科書だけが最後の目標と思って教科書を学ぶことでは，同じ教科書を学んでも発想の広がりが異なってくる。将来に向かって創造的な思考を広げていくためにも，多様な大人たちの関わりが不可欠なのである。

（2） コミュニティスクールにおける家庭教育支援と子ども発達

　家庭教育は，子どもの生活習慣作りや学習支援など，生徒指導・学力形成の重要な基盤となる。しかし近年子どもの家庭生活の崩壊や貧困問題など，子どもの家庭環境が厳しい環境の家庭も増えている。総理府の調査でも貧困状態にある子どもの割合は，6人に1人となっている。このような家庭には，家庭任せにしても，子どもの発達環境を改善することは難しく，地域全体で子どもの生活環境を改善していくことが求められている。

　例えば，子どもが様々な体験活動や学習活動をすることができない環境の子どもには，保護者や地域住民が作った遊び機会・体験活動機会・学習活動機会を設定し，集団的な地域活動の中で子どもの発達を支援していくことも重要である。家庭の中では保護者も活動に参加する余裕がなくても，地域全体の中で活動を行えば，そのような子どもも参加することができる。学校レクレーションや地域行事なども，出て行く機会が少ない子どもに対して，一緒に参加できるように保護者や地域住民が連携して呼びかけていくことで，子どもどうしの人間関係や活動の幅も広

がっていく。

　これらの活動は家庭に直接働きかけるだけでなく，地域全体で子どもの発達環境を整えることで，結果的に家庭教育を支援していくものである。

（3）　コミュニティスクールにおける地域づくり活動と子どもの発達

　近年子どもたちも総合的な学習活動で，地域づくり活動をテーマにしたり，地域住民と一緒に地域づくり活動に参加したりするなど，地域づくり活動に触れる機会も増えている。コミュニティスクールは学校支援活動とともに地域づくり活動も大きな活動の柱となっており，コミュニティスクールの中で子どもたちが地域づくり活動に触れる機会も増大することが期待される。

　子どもたちが地域づくり活動に参加することは，社会に貢献する活動の一環でもあり，ボランティア精神・社会奉仕的精神や公共的精神を涵養するものである。また自ら学んだことを地域社会に応用的・創造的に活かそうとすることは，知識の単なる暗記に留まるものではなく，知識の応用化を図るものである。そして実際に活動として地域づくり活動を行うことは，実践力・行動力を養うもので，具体的に行動することで，理念的な思考を具体的な思考に発展させることができる。

　このような地域づくりの活動をコミュニティスクールの一つの中核的な内容にしていくことで，地域づくりと学校教育活動も連動しやすく，地域も学校を応援しやすくなる。このような地域づくり活動も結果的に，子どもたちの社会的発達や生きる力を育成する契機となる。

5. コミュニティスクールにおける学校づくりと地域づくりの相乗効果

（1） 学校づくりと地域づくりの相関関係

　コミュニティスクールでは，学校運営協議会を通じて，学校と地域の双方が発展することが大きな目的となっている。地域住民が学校を媒介にして様々な子どもの活動を支援することは，単に学校に奉仕しているだけではなく，地域住民の活動が活発化したり，地域住民どうしが結びつく重要な契機となる。地域住民の活動が学校・子どもに良い影響をもたらしている意義を自覚することで，自分たちの存在意義や達成感を高める条件ともなっている。大人に関わってもらった子どもたちは，必ずその経験を自ら返そうとするため，どこかで社会貢献・地域貢献活動に関わろうとする。したがって長期的には地域住民が子ども・学校の活動に関わることは，子どもがやがて地域づくり活動などの担い手になっていく基盤となる。すなわち地域による学校支援活動は，それを通じた地域づくりの活動となる。

　また近年の子どもたちの地域社会活動・地域ボランティア活動・地域づくり活動は，それ自体は地域に貢献する活動であるが，それらを通じて子どもの発達は社会的な認識や行動力を育成するものとなる。すなわち，子どもの地域づくり活動は，子どもの発達を媒介にして，学校づくりの活動となる。

　このように学校づくりと地域づくりは無縁のものではない。地域による学校支援活動（＝学校づくり）は地域づくりになり，学校による地域支援活動（＝地域づくり）は学校づくりにもなる。このような学校づくりと地域づくりは，学校と地域の相互にメリットがあることを認識して，子どもの長期的な発達と生きる力の育成を考えていく必要がある。

（2） コミュニティスクールと地方創生

　2016年に文部科学省は,「次世代の学校・地域」創生プランを策定し,コミュニティスクールを発展させた総合的な計画を提示している。これは学校を核として, さらに地方創生を進めていくものである。日本全体が少子高齢化社会となり, 地方都市では人口減少が加速している。学校も小規模校化し, 教職員も定数減となり, 学校の行事や教育活動も運営が困難な状況も生まれている。このような状況の中では地域全体を活性化することと, 学校を活性化することは, 極めて結びついたものであり, どちらも発展させていかなければならない。

　長期的には子どもたちが地域社会と関わりながら自立して活動することは, やがて地方創生と地域循環型社会を実現する条件となる。そのためには, コミュニティスクールの発展が不可欠であり, これが「次世代の学校」と地方創生の要となる。またこのためには,「次世代の学校」を担う教職員定数の充実も課題となっており, 今後文部科学省では教職員の定数も改善していく計画を策定している。

　このように学校が地方創生を担うためには, 学校条件を改善しながら同時に地域づくりにも発展させていくという戦略的な学校づくり・地域づくり計画が不可欠となる。

演習問題

1. コミュニティスクールでは, なぜ学校運営協議会と地域学校協働本部の両方が必要かを考えてみよう。
2. コミュニティスクールでは, なぜ学校支援の役割が明記されるようになったかを考えてみよう。
3. コミュニティスクールは, 子どもたちの発達にどのような影響を与

えるかを考えてみよう。
4．学校づくりと地域づくりの関係はどのような相関関係にあるかを考えてみよう。

参考文献

葉養正明『人口減少社会の公立小中学校の設計』（協同出版，2011年）

佐藤晴雄編『コミュニティスクールの研究―学校運営協議会の成果と課題』（風間書房，2010年）

玉井康之『学校評価時代の地域学校運営―パートナーシップを高める実践方策』（教育開発研究所，2008年）

5 | 教育内容とカリキュラムマネジメント

玉井康之

《目標＆ポイント》　次代に求められる資質・能力は，知識・技能だけでなく，思考力などを含めて総合的な資質・能力が求められることを理解する。この総合的な資質・能力を育成するためには，「主体的・対話的で深い学び」などの学習過程の改善も必要であることを理解する。

　学習内容も社会の現実と結びつけてとらえることが必要であり，「社会に開かれた教育課程」が求められていることを理解する。その一貫としての地域を探求する学習活動は，その地域にしか当てはまらないものではなく，地域を学ぶことで普遍的な内容につながることを理解する。

　また各教科・総合等の内容は，相互に結びついており，そのための，カリキュラムマネジメントを進めることが重要であることを理解する。同時に地域行事や地域活動も教科・領域と相互に結びつくように，カリキュラムマネジメントを進めることが重要であることを理解する。

《キーワード》　知識・技能，資質・能力，主体的・対話的で深い学び，アクティブ・ラーニング，社会に開かれた教育課程，地域を探求する学習活動，横断的・総合的学習活動，カリキュラムマネジメント

1. 知識・技能から資質・能力の育成への発展

（1）　次代に求められる資質・能力と生きる力

　次代に求められる能力は，知識を持つだけではなく，答えのない課題に最善解を追求していく力である。そのためには幅広い知識を結びつけながら創造的に思考できるような，分野横断的な幅広い能力の育成が課題となっている。高校・大学受験では比較的知識・技能の総量が得点に

影響する傾向があった。2017年公示の新学習指導要領では、「生きる力」の育成に向けて、知識を用いて「何ができるようになるか」を目指すべき力の柱として、次代に求められる資質・能力を打ち出した。

次代に求められる資質・能力の構成要素としては、1）生きて働く知識・技能の習得、2）未知の状況にも対応できる思考力・判断力・表現力等の育成、3）学びを人生や社会に生かそうとする学びに向かう力・人間性の涵養、が求められるとした。これらの総体としての資質・能力は、単に知識を蓄えても実現できず、知識と知識を組み合わせて思考しなければ、現実の複雑な課題に柔軟に対応できない。また人間的な資質を有していなければ、集団的社会的な関係性を作り、物事を多面的にとらえたり協働的に対応したりすることもできない。このような総合的な資質・能力は、必ずしも点数で測ることができない能力であるが、これらの資質・能力が総合的に積み重なって生きる力となっていく。

（2） 資質・能力の育成と学習過程の「主体的・対話的で深い学び」

生きる力を育成する上で、「何ができるようになるか」が重要であるが、このためには学んだことを実際に使ってみることが重要である。これまでの教科の学習活動では、問題と解答用紙の中で考えることが多かったが、その知識を実践的に使ってみることも重要である。例えば、集団的な議論を経て物事の多面的な側面をとらえたり、一つの答えではない解決方法をとらえたりすることも必要である。また考えてみたことを実際に実験したり体験したり、現実の現象に当てはめて検証してみることも必要である。

このような学習活動は、主体的・対話的で深い学び（＝アクティブ・ラーニング）として提起され、これまで以上に体験的・活動的な学び方が求められるようになった。すなわち学習過程自体も動的なものに変え

ていくことで，主体的に学びに関わる姿勢を養うことを目指している。
　主体的・対話的で深い学びの方法は多様であり，様々な方法が組み合わされている。その学習形態としては，体験学習・調べ学習・発見学習・実験観察・課題解決プロジェクト学習・問題解決学習・グループワーク・ディスカッション・プレゼンテーション・ロールプレイなどが挙げられる。これらの学習活動は，知識を学ぶ学習の形態と活動的に学ぶ学習の形態が組み合わされながら展開していく。このような学習活動が学校教育の中にも取り入れられることによって，知識と思考と実践を統一しながら，新しい資質・能力を育成することができる。

2.「社会に開かれた教育課程」の実現と学習内容の普遍化

(1)　「社会に開かれた教育課程」と社会の現実

　知識・技能を実践的にも活かすためには，学習内容と社会の現実的な課題が結びつくことが重要である。そのため，新学習指導要領では「社会に開かれた教育課程」が重要な課題になるとした。「社会に開かれた教育課程」とは，「教育課程を介して学校が社会や世界との接点を持つこと」である。学校も社会の中の一員であり，学校での教育課程も社会とのつながりを大切にする必要がある。そのためこれからの時代においては，学習内容を社会の現実と連動させていくことが必要になっている。
　「社会に開かれた教育課程」の理念としては，1)「より良い学校教育を通じてより良い社会を創るという目標を持ち，教育課程を介してその目標を社会と共有していくこと」，2)「子どもたちが自分の人生を切り拓いていくために求められる資質・能力とは何かを，教育課程において明確化し，育んでいくこと」，3)「教育課程の実施にあたって，地域

の人的・物的資源を活用したり，放課後や土曜日等を活用した社会教育との連携を図ったりし，学校教育を学校内に閉じずに，その目指すところを社会と共有・連携しながら実現させること」としている。このように「社会に開かれた教育課程」は，学んだことと社会の現実を結びつけるように意識しながら学んでいくこと，そのためにも地域の様々な人的・物的資源を活かしていくことが求められている。

(2) 地域を探求する学習活動を通じた学習内容の普遍化と再編化

　社会の中でも最も身近な社会は地域社会である。この地域社会の様々な現実を探求し，その課題を解決しようとする学習活動は，極めて総合的な能力を必要とする。その地域の課題と答えは多様な観点と解決方法があり，一つに収斂するものではない。地域を探求する学習活動の中では，あらゆる地域の現実を探求しながら課題を発見すること，その課題の評価も様々な側面からとらえられること，課題解決の方法はあらゆる教科の知識を駆使しなければならないこと，などが学習活動の中で認識されてくる。そして課題解決のためには，誰かが解決してくれるのではなく，自らが課題解決のために働きかけなければならないことも理解できる。

　この地域を探求する学習活動は，地域の中だけで通用するという局所的な学習活動ではない。このような地域社会を探求した具体的・個別的な内容が，どのように普遍的な内容と結びついているかを意識することで，普遍的な内容と具体的な内容を結び付けてとらえることができる。そのためには，地域を探求した内容が，教科の単元のあらゆる内容と結びつくことを意識することが重要である。教科書の中では簡単に書いてある内容も，地域の現実の中では極めて複雑な状況を含んでいること，その地域の現実の中でも普遍的な部分だけが教科書に書かれてあること

を気づければ，地域の現実から普遍的な認識につなげたり，逆に普遍的な認識を地域の現実に当てはめることができる。

このように地域を探求する学習活動を，教科の様々な単元と結び付けてとらえることで普遍的な認識と具体的な認識をつなげるとともに，教科と教科をもつなげる横断的・総合的な学習活動となる。地域を探求する学習活動は，「社会に開かれた教育課程」を具現化する重要な学習活動であり，これを通じて生きる力の基礎となる総合的な資質・能力を育成できる。

3. 横断的・総合的学習活動とカリキュラムマネジメント

（1） 地域を探求する学習活動と教科内容を連動させたカリキュラムマネジメント

前述のように，地域を探求する学習活動を行えば，その内容はあらゆる教科の単元や教育活動の全体と結びついてくる。このようにあらゆる教科・単元や教育活動と結びつけながらカリキュラムを再編していくことを，カリキュラムマネジメントという。カリキュラムマネジメントは，教科・単元の体系性や教育活動の目的性を崩すことではなく，その体系性を踏まえながらも，それらを総合化していくことである。

例えば，地域の農業（米・麦・酪農など）を対象にして具体的に地域を探求する学習活動を行うとしよう。教科書の単元では，農産物の生産活動は第一次産業の単元で学び，農産物の食品加工は第二次産業の単元で学び，農産物の流通は第三次産業の単元で学ぶ。農産物の生産地・立地は，地理の単元で学ぶ。農産物を植物の生態としてとらえるときには，理科の植物の単元として学ぶ。また農産物を調理食品・栄養として学ぶときは家庭科の単元で学び，健康づくりの一環として学ぶときは保健体育の単元で学ぶ。これらは別々の教科・単元に分かれているが，農産物

のとらえ方によって便宜上分かれているだけである。通常の生活者の感覚では，実際の農産物・食品をとらえるときには，これらの様々な教科・単元を統一的にとらえている。

　地域の自然環境の問題も，二酸化炭素・地球温暖化につながる問題としては自然科学の単元が関係してくる。植生自然破壊・産業構造変化・南北格差の問題としては，社会科学の単元が関係してくる。ゴミ問題など生活の中での環境改善の問題としては，生活科学の単元が関係してくる。このように，様々な地域や社会の現実の問題は，様々な教科・単元と結びついている。

　このように考えると，地域を探求する学習活動の成果を，教科横断的・総合的にとらえ，あらゆる教科と結びつけていくマネジメントが重要になってくる。このようにあらゆる教科・単元を結びつけてとらえ直すことが，カリキュラムマネジメントである。このカリキュラムマネジメントを学習過程の中で意識することで，地域の具体的な事象を見る観点・知識も広がっていく。

（2）　特別活動・道徳・総合的な学習・教科の連動とカリキュラムマネジメント

　学校の教育活動は，教科の授業だけでなく，様々な学校行事や地域活動も含まれており，これらを相互に連動させながら教育課程を再編していくこともカリキュラムマネジメントである。また地方の小規模校では，学校教育課程に入っていなくても，事実上学校と地域が協同で運営している伝統行事などもある。全員部活動・放課後活動に入るようにしている学校もあり，事実上教育課程と教育課程外活動を連動させている学校もある。これらは実際には教育課程内のカリキュラムと教育課程外のカリキュラムをマネジメントしたことになる。学校の中でも教育課程は，

特別活動・道徳の時間・総合的な学習・教科にそれぞれ分かれているが，これらが有機的に結びつき，そのことが子どもにも理解されるように関連を示せば，子どもも関連させて個々の活動に取り組むようになる。

　学校行事で主なものとしては，学芸会・文化祭・体育祭・運動会・学習成果発表会などがある。これらの行事では演芸発表・作品発表・スポーツ発表・調べ学習発表などを行い，日頃の学習活動の成果発表機会にしている学校が多い。これは事実上学校行事と学習活動を連動させたカリキュラムマネジメントを行っていることになる。これを意識的に，何の発表をどの単元と結びつけて行うかを意義づけすれば，さらに明確に学校行事が教科学習と結びついていく。

　地域行事でも，学校として参加する地域伝統行事・収穫祭・地域祭や夏休みのスポーツ・レクリエーション行事も，郷土に関わる教科の単元や調べ学習活動と結びつけることもできる。何となく恒例となっている地域行事も，位置づけを明確にして関連領域を明らかにするだけで，カリキュラムマネジメントを実践することができる。

　特別活動の一環として位置づけている自然体験学習も，自然観察と結びつければ理科となり，農漁業体験活動として産業と結びつければ社会となり，トレッキングと結びつければ体育となり，生命保護と結びつければ道徳教育にもなる。社会体験学習も職場体験・福祉体験などと結びつければ，社会科や道徳教育にもなる。そしてそれらの体験活動を調べ学習と結びつければ，特別活動・道徳教育・総合的な学習・教科が相互に結びつく。

　このように教科横断的・総合的な学習活動は，あらゆる教科・領域・活動を結びつけることで，学習目的・教育効果も広がっていく。そのことを校内・学年団で検討し意識的に結びつけるだけでカリキュラムマネジメントになっていく。このような関連領域を意識的につなげていくこ

とが，最終的に子どもの意識を教科横断的に広げ，総合的な資質・能力の育成の基盤となる。

（3） 阿寒湖小学校におけるカリキュラムマネジメントの具現化の事例

　カリキュラムマネジメントを意識的に実践している学校は全国的に見てまだ少ないが，実践的に進めている学校の一つとして，釧路市立阿寒湖小学校の事例を取り上げておきたい。阿寒湖小学校は，全校児童65名ほどの小規模校であり，2014年からコミュニティスクールにも指定されている。一般的に小規模校の方が地域との結びつきも強く，また時間割も再編しやすいため，意識的にカリキュラムマネジメントを進めることができる。地域の伝統行事も多く，地域の様々な専門家や地域住民が関わっているため，これらの条件を活かして学校カリキュラムを地域と一体となってマネジメントすることができる。

　阿寒湖小学校の一年間の行事は，章末図（p.83）のように行事自体も単発的なものに終わらせることなく，一つの行事内の各活動が継続的発展的に連続するようにしている。また各行事は，1年の中で時期的にずらしながら展開していくが，そのため併行的に展開しており，行事間で応用的に考えられるようにしている。

　阿寒湖小学校の個々の行事と教科との関連性を高めるために，行事と教科・領域の関連性を表す相関表を作ったものが，別紙カリキュラムマネジメントの表（pp.85-88）である。各行事の内容の関連性は，ワカサギ採卵・マリモ生息地見学・ヒメマス稚魚放流などは，総合的な学習・理科・社会科・道徳と結びつけている。マラソン・相撲・スキーは，体育に加えて生活科・社会・道徳にも結びつけている。神社祭・アイヌ文化名人は，総合的な学習・生活科・社会科・道徳に結びつけている。

　このように学校行事と地域行事も一体化しており，また行事を特別活

動としてだけではなく，教科・領域と結びつけている。これらの関連性を一覧表にしたものがカリキュラムマネジメント表であり，これを作成することで，学年や教科を超えた学習内容の広がりと連続性をそれぞれの単元で意識するようにしている。教師がそれぞれの教科・単元において，「○△の行事で見たように」と関連づけて話すことで，教科書の内容もよりリアルな現実の内容となっていく。行事をしながらも，「この体験は，教科・単元△○にもつながっているので意識して見ておくことが大事だ」と喚起するだけでも，教科の伏線的な発問となる。また授業の中でも，「今日の単元で学んだこと，今までに見たこと，経験したことと関連していることはありましたか」と教科学習活動から経験知と結びつけていくことも重要である。このような意識的な結びつけが，カリキュラムマネジメントの具現化の第一歩となる。

演習問題

1．「社会に開かれた教育課程」がなぜ求められるようになったのかを考えてみよう。
2．カリキュラムマネジメントをすることで，地域の素材と教科がどのように結びつくかを考えてみよう。
3．カリキュラムマネジメントをすることで，学校行事・地域行事と教科がどのように結びつくかを考えてみよう。
4．1つの地域の素材が様々な教科と結びついていることを考えてみよう。

参考文献

内山隆・玉井康之『地域を探求する学習活動の方法——社会に開かれた教育課程を創る』（東洋館出版社，2016年）

第5章 教育内容とカリキュラムマネジメント

【1年間の取り組み】（釧路市立阿寒湖小学校）

	4月	5月	6月	7月	8月
前田一歩園		グリーンクラフ(5・6年) 植樹遠足(全) (ネイチャーゲーム・枝打ち) マリモ学習(6年)			
漁組・広大		ワカサギ探卵学習 (5年)	ヒメマス放流 (5年) ザリガニ漁 (3年)	【ワカサギ探卵学習】	
アイヌ団体		イコロ訪問 (2年生活)		【植樹遠足】	
観光汽船		砕氷船 (全)	運動会花火		
阿寒観光協会				【マリモ学習】	
エコミュージアム		2年生活・3年社会総合 グリーンクラフ (5・6年)	阿寒湖名人 (4年)	マリモプロジェクト (6年)	マリモプロジェクト (6年)
マリモ研究室 マリモ保護会		マリモ学習 (6年)			マリモプロジェクト (6年)
ホテル・商店	3年社会総合		【国道沿花壇移植】		
町内会 行事環境支援			国道沿花壇移植 (5年)	ラジオ体操 (全)	

84

	9月	10月	11月	12月	1月	2月	3月

■ 学校行事　　■ 教科総合等

9月	10月	11月	12月	1月	2月	3月
1年生活	鹿防護ネット巻（3～6年）	5年国語			出前授業（5年社会）	
ワカサギ佃煮工場（3年）			【鹿防護ネット巻】		アイスランド(全)	
	アイヌ文化講演会(全)				アイヌ模様刺繍(6年)	
	アイヌ文化名人(3～6年)				アイヌ文化まとめ(5年)	
	【アイヌ文化名人】				スケート教室・記録会(全)	
					スキー教室(全)	
←マリモ家族パスの利用→					スキー教室(全)	
【マリモプロジェクト発表】		5年国語			【スケート教室】	
		3年社会総合	生活単元			
マラソン大会		2年生活				
マラソン大会					スケート記録会	
					阿寒岳神社（3年社会）	

地域の資源・人材を活用した教育活動と教科等との関連 （釧路市立阿寒湖小学校）

No.	活動	教科	単元	内容
1	ワカサギ採卵学習	5年理科	メダカの誕生	メダカの卵内での変化について，メダカを飼育して調べ，見いだした問題を計画的に追究する活動を通して，生命を尊重する態度を育てるとともに，動物の発生や成長，生命の連続性についての見方や考え方をもつことができるようにする。
		5年総合的な学習	阿寒湖名人水産業のさかんな地域	自然愛護と環境保全のため，地域の自然や文化を大切にし，守り育てていこうとする心情を育てる。
		5年社会	水産業のさかんな地域	地域の特色や，人々の工夫や努力，悩みをとらえさせるとともに，水産業が加工や運輸などの仕事と密接にかかわっていること，水産資源や環境を守りながら漁業を進めていることに気づく。
		5年道徳	感動と畏敬	自然の偉大さに気づき，人間の力を超えたものに感動する心情を育てる。
2	砕氷船乗船	1・2年生活科	春の地域探検	阿寒湖畔の様子を知り，地域に親しみを持つ。
		3〜6年総合的な学習	阿寒湖名人	阿寒湖の春のはじまりを感じる行事として，阿寒湖の自然と春を楽しむ。
		4年理科	水のすがた	水を冷したときの温度や様子の変化を調べ，結果をグラフに表すことにより，液体の水を冷やして温度が0℃になると固体の氷に姿を変えることや，水が氷になると体積が増えることを理解する。
3	緑の少年団結団式	5・6年総合的な学習	阿寒湖名人	自然愛護と環境保全のため，地域の自然や文化を大切にし，守り育てていこうとする心情を育て
4	春季相撲大会	1年生活科	むかしのあそびをしよう	昔から伝わる遊びを年長者から教わったり，遊ぶことができるようにする。地域の人とふれ合うことで，地域の人のあたたかさに気付いている。
		低学年体育	すもう遊び（力試しの運動）	精一杯力を出しきって，力比べをして楽しむ。また，安全な行い方や勝敗の判断，勝敗に対する態度を身につける。
		3年社会	町の人たちがうけつぐ行事	地域の人々が受け継いできた文化財や年中行事について調べ，そこに込められた思いや願い，地域の人々の生活の変化，地域社会のよりよい発展について考えさせる。
		道徳	郷土愛	文化や伝統を深く理解し自分に生かそうとする。
			礼儀	相手を思いやる態度と感謝の気持ちを持ち，互いを敬おうとする。
		3〜6年総合的な学習	自然保護活動	阿寒湖の森林を守っている人や活動していることを知り，感謝する心を育てる。
		5年総合的な学習	森林プロジェクト	阿寒湖地区の鹿の食害を知り，食害から樹木を守る活動を体験する。

5	植樹遠足	5年 社会	環境を守る人々：国土を守る	森林は国土の保全や自然災害を防ぐという役割に加え，地球温暖化を抑制していく上でも重要な役割を果たしていることをとらえるとともに，環境を守るために自分たちにできることについて考えさせる。森林を守り育てる仕事について調べ，国土の保全や水資源の確保に果たす森林の役割に気づかせるとともに，森林を守り育てていくことの大切さをとらえさせる。
		1年 道徳	身近な自然発見：自然愛と動植物愛護	自然を感じとり，自分も自然の一部であることを意識し，自然を大切にしようとする心情を養う。
		4年 道徳	環境を守ることの大切さ	自然や生命のたくましさや不思議さに感動し，それらを尊敬する心情を養う。
		5年 道徳	自然愛護と環境保全	自然の偉大さを知り，自然環境を大切にしていく態度を育てる。
		6年 道徳	郷土を愛する心：郷土愛	郷土の文化と伝統を大切にしている人たちの努力を知り，郷土や国を愛する心を育てる。
6	マリモ生息地見学学習	6年 総合的な学習	自然保護活動	特別天然記念物「マリモ」に触れ，その生態を知り，保護しようとする心を養う。グリーンクラブの一環として自然愛護と環境保全のためマリモの観察や生息状況について触れることを通して関心を持ち，理科との関連を図ると共に今後の学習への広がりを持たせる。普段，立ち入ることのできないマリモ生息域に行くことにより，マリモの生息に大切な自然環境の保全を図りゴミ拾いなどの環境保全の大切さを知る。
		6年 理科	生き物と環境	世界に二カ所しかないマリモの生息の神秘を知る。
		6年 道徳	自然愛護と環境保全	特別天然記念物の「マリモ」を通して，自然の偉大さを知り，自然環境を大切にしていく態度を育てる。
		4年 道徳	郷土愛	環境の守り手は自分であることに気づき，地域社会の環境保全に積極的に関わろうとする態度を育てる。
		4年 理科	植物の成長	身近な植物の成長を季節や地域と関係づけながら調べ，見いだした問題を興味・関心をもって追究する活動を通して，生物を愛護する態度を育てるとともに，物の成長と環境とのかかわりについての見方や考え方を養う。
7	ヒメマス稚魚放流学習	5年 社会	水産業のさかんな地域：育てる漁業にはげむ人々	養殖漁業の仕事について調べ，自然環境との深いかかわりや，働く人たちの工夫や努力をとらえるとともに，水産資源や環境を守りながら漁業を進めていくことの大切さに気づくことができるようにする。
		5年 道徳	地域の一員として：集団への参加と責任	身近な集団の中で，自分の役割と責任を果たす実践意欲と態度を育てる。
8	国道花壇苗植え	5年 総合的な学習	地域の一員としての活動	花壇の整備を通して，自然環境の保全を図り，ゴミ拾いなどの環境保全の大切さを知る。
		5年 道徳	勤労・社会奉仕	社会のために役立つ喜びを知り，進んで働こうとする態度を育てる。

9	防火マラソン大会	体育	体つくり運動：低学年	力強い動き及び動きを持続する能力を高めるための運動。児童一人ひとりがそれぞれ気持ちよく走れるスピードで数分間決められた距離を走ろうとする。
			体つくり運動：中学年	力強い動き及び動きを持続する能力を高めるための運動。体を移動する運動として，一定の速さで決められた距離をかけ足で続けて走ろうとする。
			体つくり運動：高学年	力強い動き及び動きを持続する能力を高めるための運動。自己のランニング・ペースを自在にコントロールして，様々な距離や地形，状況を考え走り，自分に合ったペースを見つけそのペースを守って最後まで走ろうとする。
			体つくり運動	自己のランニング・ペースを自在にコントロールして，様々な距離や地形，状況を支配して走りきる。持久性をともなうペース・ランニングを自分に合ったペースを見つけ，そのペースを守って最後まで走る。
			体つくり運動	体力向上，地域とのふれあい
		6年道徳	規則の尊重・公徳心	約束や社会のきまりを守り，公徳を大切にする心情を育てる。
10	阿寒岳神社祭	1・2年生活科	地域のおまつり	地域の行事，様々な人たちについて，もっと知りたいという気持ちをもち，さらに詳しく調べたり，体験したりする活動を通して，まちへの愛着をいっそう深め，社会の一員として，自分の役割や行動の仕方を考えることができるようにする。
		3〜6年総合的な学習	地域の文化と行事	阿寒湖のお祭りに参加し，地域の人々が受け継いできた文化や年中行事に参加することを通して郷土を愛する心情を育てる。
		3年社会	町の人たちがうけつぐ行事	地域の人々が受け継いできた文化財や年中行事について調べ，そこに込められた思いや願い，地域の人々の生活の変化，地域社会のよりよい発展について考えさせる。
11	秋季相撲大会	1・2年体育	力だめし	精一杯力を出しきって，力比べをして楽しむ。また，安全な行い方や勝敗の判断，勝敗に対する態度を身につける。
		3〜6年体育	体つくり運動	いろいろな動きを身につけ，動きや運動の仕方を工夫する力を養う。
		1年生活科	昔の遊びをしよう	昔から伝わる遊びを年長者から教わったり，遊ぶことができるようにする。地域の人とふれ合うことで，地域の人のあたたかさに気付いている。
		3年社会	町の人たちがうけつぐ行事	地域の人々が受け継いできた文化財や年中行事について調べ，そこに込められた思いや願い，地域の人々の生活の変化，地域社会のよりよい発展について考えさせる。
12	アイヌ	3〜6年総合的な学習	アイヌ古式舞踊	アイヌの人々の伝統的舞踊の体験を通して，生活様式や文化について学ぶ。
		3年社会	町の人たちがうけつぐ行事	地域の人々が受け継いできた文化財や年中行事について調べ，そこに込められた思いや願い，地域の人々の生活の変化，地域社会のよりよい発展について考えさせる。
			阿寒町の昔のくらし	アイヌ文化を守る人たちの様子や取組について調べ，今に伝わるアイヌ文化の素晴らしさに共感することができるようにする。

	文化名人	6年 道徳	郷土を愛する心	郷土の文化と伝統を大切にしている人たちの努力を知り、郷土や国を愛する心を育てる。
			感動と畏敬	自分もその一部である自然がもつ、人間の力を超えた摂理や力に畏敬の念をもち、感動する心を育てる。
		2年 生活科	まちはたからばこ	興味や関心をもった地域の人、もの、ことなどとかかわることを通して、それらと自分たちの生活がかかわっていることに気付き、わかったことや考えたことを身近な人に伝えることができるようにする。
13	スキー教室	1・2年 生活科	雪やこおりの遊び	雪上の遊びを通し、地域とふれ合い、冬の楽しみを体験する。
		3〜6年 体育	スキー	地域の特色を活かしたスポーツ活動を通して、スキーの技術や安全に気をつけながら慣れ親しむ。
		3〜6年 総合的な学習	雪山体験	阿寒湖の自然を活かしたスポーツを通して自然に親しむ。
		1年 道徳	規則の尊重・公徳心	みんなが使う物は、大切に使い、あやまってこわしたときなどは、正しい対し方をする態度を育てる。
14	アイスランド体験	1・2年 生活科	雪やこおりの遊び	氷上の遊びを通し、地域とふれ合い、冬の楽しみを体験する。
		3〜6年 総合的な学習	自然体験	寒さを活かした阿寒湖の特色ある産業のようすを知り、郷土を愛する心を養うと共に、自然体験を通して様々な活動を体験する。
			地域の産業	寒さを活かした阿寒湖の特色ある産業のようすから、観光業の様子を知る。
		5年 道徳	自然の偉大さ	自然の偉大さを知り、自然環境を大切にしていく態度を育てる。
15	鹿の食害を考えよう	3〜6年 総合的な学習	阿寒湖の自然保護活動	今までの体験を通して鹿の食害について疑問を持ち、自分たちのできることを考える。前田一歩園の方から指導していただき、シカ防護ネット巻きを体験する。
		6年 算数	円柱の体積	木の円周を測り、そこから円柱の体積の求め方をもとに木の体積を考える。
		5年 算数	既習の計算	既習の計算を考えていた。
		5年 理科	流れる水のはたらき	3つのはたらきを確かめる。
		4年 算数	面積	1m定規で面積を求める。
		3年 道徳	自然愛護	葉（枝）のしげり方と、日なたと日かげ、植物の成長を結びつけていく。
		3年 総合	阿寒湖名人	木に耳を当て、「木の音」を聴く。木の樹皮の違いを手触りや厚さなどの観点から調べる。
		3年 理科		葉の形を調べよう。

6 総合的な学習活動と地域コミュニティ

玉井康之

《目標＆ポイント》 教科・教科書の内容は普遍的な到達点を中心に記されているが，新たな課題や定説でない課題については，あまり記されていない。一方で，総合的な学習活動は，自ら課題を発見しその問題解決方法を自分で探しながら，具体的に取り組んでみる活動が重要であることを理解する。

学習活動はしばしば地域を離れる学習活動となってしまうが，地域に貢献する学習活動が重要になっている。総合的な学習で特定地域を扱うことは，その特定地域にしか通用しないものではなく，普遍化する思考方法を通じて，全国的に通用する普遍的なものの見方・考え方が身につくことを理解する。

また社会教育施設・公共施設を活かすことで，地域課題・実態を探求できる。これらの専門施設職員の普及啓発事業等を利活用することで，さらに学習活動を深められることを理解する。地域図書館の郷土コーナーは，基本的な地域資料を収集しており，調べ活動の重要な施設である。また図書館内の新聞も時系列的にとらえられる資料であることを理解する。

人口減少地域では地域づくりの総合学習が重要な学習活動となる。また地域産業・職業体験を通じた学習活動も地域コミュニティづくりとなることを理解する。地域づくりのために，学校支援パートナー・ボランティアとの連携が，地域コミュニティづくりの条件になること，子育てネットワークづくりも，地域コミュニティづくりの条件となることを理解する。

地域を探求する学習活動は，結果として地域の中での一体感や帰属意識をもたらし，地域コミュニティづくりの条件になること，地域コミュニティの発展は地域の中での起業意識をもたらし，キャリア意識形成の教育効果もあることを理解する。また地域コミュニティの一体感を高めることで，新しい地域コミュニティを創造する力になっていくことを理解する。

《キーワード》 総合的な学習，課題発見能力，問題解決能力，社会貢献度感，社会教育施設，公共施設，地域図書館，地域テーマ，人口減少問題，地域産業体験，職業体験，農林漁業体験，学校支援パートナー，学校支援ボランティア，子育てネットワーク，キャリア意識形成，地域アイデンティティ

1. 地域を探求する総合的な学習活動と地域コミュニティとの関係

（1） 総合的な学習活動が生まれた背景と課題発見能力の育成

　教科および教科書の内容は，これまでの科学・文化の成果を基盤として定説となった内容を体系的に包含したものである。したがって教科の内容には，議論の諸説が錯綜するような内容や，定説にはなっていないものは含まれていない。また教科・教科書内容は既存の到達点を中心に記述しており，未来および現実の新たな課題を発見するという学習活動にはなっていない。このように教科の体系性・普遍性を重視した結果，教科内容を教える際には，正解を導き出すという教え方が中心になる。
　一方現実の社会の中では，答えが一つではなく立場や状況によって考え方や評価が変化する問題が多く，答えは多様である。また教えてもらえる先生もいなくて自分自身で課題を発見して課題解決していかなければならない問題が多い。このように現実社会では，学校で習った教科内容をそのまま適応することはできない問題ばかりである。そのため社会の中で生きる力を身につけるためには，学校時代においても，問題に直面したら自分で調べて解決法を導き出せる力，新たな課題を発見して改善していく力が求められる。このような力を身につけるために，学校教育では教科だけでなく，「総合的な学習の時間」が設けられた。
　総合的な学習活動では，課題を発見したり，解決方法を見つけるため

に書籍で調べたり現地に行って調査するなど，調べ方や問題解決能力を身につけていく。また集団的に議論しながら多様な観点から現象の課題と解決方法をとらえたりする。このような活動を繰り返しながら課題発見能力・課題解決能力を育成していく。

（2）　地域を離れる学習活動と地域に貢献する学習活動

　これまで学習・勉強の目的は，しばしば自分の将来の生活や出世のための目的に矮小化される場合があった。また地域や社会から様々な知識を学んでも，その学んだ成果を地域や社会に還元する機会・場もないため，学んだ知識・技能が社会に還元されるものだという意識も生まれない場合も少なくなかった。地方では学習を熱心にした子ども達が，地方に定着せず大都市に転出してしまい，地域の担い手も再生産できなくなる場合が少なくない。そのため結果的に学習活動が地域を離れる学習活動になっており，地域に貢献する学習活動になっていかない。このような学習姿勢では，どんなに学んでも社会の発展にとっては活かされない。

　地域に貢献する姿勢や能力を身につけるためには，具体的に地域を深く調べその成果を基盤にして地域に貢献する機会を作り，そして地域に貢献した成果の中で，達成感や社会貢献度感を高めながら，地域に貢献する姿勢と方法を身につけていくことが重要になる。このような地域に貢献する学習活動をプログラム化するためには，総合的な学習活動の中で具体的に地域を取り上げ地域に貢献する活動・行動を組み込む必要がある。

（3）　地域を探究する総合的な学習活動と普遍的な問題解決能力

　「総合的な学習の時間」等を使って地域を探究する総合的な学習活動を実施する学校は増えている。地域を探究する総合的な学習活動は，そ

の地域だけにしかない特異な分野を取り上げるものではなく，地域を深く調べること自体が目的であるため，普通に日常生活に関係ある題材・事象もテーマに含まれる。また地域を探究する学習活動の事例や分析内容は，その地域にしか通用しない内容ではなく，その地域を通じて普遍的なものの見方・考え方を身につけるものである。ものの見方・考え方は，個別的な事例を取り上げたとしても事例の位置づけ方や演繹的な考え方を通じて，普遍的な考え方を身につけていく。

　すなわち個別事例を通じて，一般的な考え方かどうかを判断できる分析方法と思考方法があれば，事例を普遍化することができる。事例自体も一つの現象であるため，その事例が生じる条件内においては真理であるが，さらに多くの事例を通じて，普遍化できるかどうかを判断していく必要がある。事例はあくまで，普遍化した考え方を導くための導入分析である。地域を探究する学習活動も，地域を分析する考え方・分析方法を通じて，全国的で普遍的なものの見方・考え方を身につけていく。このように地域を探究する学習活動は，調べ方や考え方や分析方法を身につけていくものである。

2. 地域を探求する総合的な学習と地域の調べ方・学び方

(1) 地域の社会教育施設・公共施設の活用と地域の調べ方・学び方

　地域を探究する総合的な学習活動の調べ先で最も多いのが，教育委員会管轄の社会教育施設である。社会教育施設には，博物館・郷土館・科学館・資史料館・文学館・芸術館・動物園・図書館などがあり，様々な展示用資料と解説内容・資料が保存されている。

　博物館・郷土館には，当該地域ごとの歴史・文化・自然・生物・産業などが展示され，地域の様々な特徴を踏まえる上で大変有用である。博物館には，通常何名かの学芸員が配置され，地域の様々な特徴を発掘分

析している。博物館の中には展示だけでなく，体験コーナーを設けていたり，解説資料室などもあり，展示観覧に加えて体験したり，資料で調べたりすることもできる。これらは大人だけでなく，子ども向けの展示内容・解説も用意されている。

　他の科学館・資史料館・文学館・芸術館も，それぞれの分野に応じて，展示資料・体験施設・解説資料室などを有しており，地域課題・調べ学習テーマの基礎的知識や課題を深める上で重要な情報を得ることができる。公共的な社会教育関連施設としては，自治体役所や生涯学習センター・公民館の中にはほとんど情報閲覧室や資料展示コーナーなどがあり，市町村のあらゆる分野の地域特性や統計データに関わる資料等が配置されている。

　公共機関・施設も近年の公共サービスと公共施設理解普及活動の一環として，出前講座や施設見学を受け入れている機関が少なくない。例えば，国の機関としては，税務署・刑務所・農業事務所・食糧事務所・道路港湾事務所・日本年金機構・ハローワーク・気象台などがある。地方自治体の機関としては，役場・公民館・障害者施設・高齢者施設・職業訓練施設・保健所・救急施設・消防施設・上下水道施設・清掃処理施設・児童施設などがある。半官半民の消費者協会・観光協会・住宅や道路に関する公団・電気・ガス等の事業団体などがある。半公共的な民間の生活団体・生産団体としては，市場・協同組合・環境保護団体・文化団体・生産者団体・マスコミ・慈善事業団体・ボランティア団体・社会福祉協議会などがある。このような専門施設では，普及啓発も行っているところが少なくなく，施設・団体の専門職員を活かしながら地域を探究する総合的な学習活動を進めることができる。

（2） 地域図書館・新聞の活用と地域の調べ方・学び方

　地域の図書館も地域を探究する学習活動では，調べ活動の重要な対象となる。地域の図書館には地域の重要な資料・図書が収集されているが，意外と子ども達もそれを知らない場合が少なくない。特に郷土資料コーナーなどは，通常の本とは別の部屋・書棚となっており，地域の関係書籍・資料が集約されている。図書館司書は，これらの地元の資料を意識的に集めており，地域の資料をたずねることで，適切なアドバイスをしてくれる。

　課題設定と図書館との関係では，課題が決まって図書館に書籍を探すという調べ方もあるが，図書館にまず行って郷土資料・書籍の中から地域の実情・課題を探すという調べ方もある。課題を設定するためにも，ある程度それに関する知識を得ておかなければならない。そのために地域の基本知識を図書館の郷土資料コーナーなどで調べておくのである。

　図書館には新聞も配備してある。事件・できごとなどは公共施設を訪問してもとらえることはできず，過去の新聞を活用するほかない。新聞の地域欄には，街の出来事や政治・経済の変化なども載っており，それらを過去から現在まで時系列的にとらえると，街の歴史をとらえることができる。逆に地域の大きな出来事が最初に分かっているならば，それを新聞がどのように評価していたかをとらえることができる。これらのように郷土史料・新聞・図書などで，客観的な事実を元にして地域を調べていくことが重要である。

（3） 地域テーマ・分類テーマを元にした調べ学習と地域づくり

　小学校高学年から中学生ぐらいになると抽象的な地域テーマから具体的な内容に入ることができる。小学校低学年は具体的に目に見える事象から課題を設定する方が理解も意欲も高くなるが，高学年になっていく

にしたがって，抽象的なテーマの中に具体的な施設・事象をイメージすることができるようになる。

　抽象的なテーマは，「地域の○○」と冠に地域をつければ，ある程度地域の大きなテーマだけは設定できる。例えば，地域の自然，地域の生物，地域の戦争体験，地域の歴史，地域の地形，地域の産業，地域のエネルギー，地域の伝統，地域の福祉，地域の名所，地域の観光，地域の交通，地域の宗教，地域の教育，地域のスポーツ，地域の芸術，地域の伝統料理，地域の衛生，地域の国際交流，などである。

　これらは「地域の○○」と大きなテーマを設定することで，地域の最終的な分析課題を設定することができる。それを具体的に分析するために，公共施設職員の聞き取りや歴史的・時系列的な資料を調べたり，実態調査を行ったり，テーマに関係する地域住民の意識調査を行ったりできる。

3. 地域を探求する総合的な学習活動と地域コミュニティづくり

（1）　地方の急激な人口減少問題と地域コミュニティづくり

　日本全体がすでに少子高齢化により総人口減少社会に突入しているが，東京など一部の都市はまだ流入人口によって人口が増えている。一方の地方都市は，人口流出による急激な人口減少社会になっており，とりわけ若年層の流出が激しい。このような状況に対して，政府全体でも地方創生政策を推進しているが，各地域の人口減少問題は深刻である。人口が減少するとさらに経済活動も減少し，地域全体の文化活動やコミュニティの交流も停滞してくる。その結果雰囲気として地域住民の社会活動意欲や地域の誇りも低下してくる。

　このような状況の中で，少しでも地域の良さを知り，地域社会に貢献

する地域づくり活動を推進することが求められる。これまで地域づくり活動は，地域の大人が担い，子どもは学校の学習活動を担うという二局構造であったが，子どもも地域づくりの活動が求められるようになった。なぜなら，第一に，子どもたちは地域・社会の中で学ぶだけでなく，学んだ成果を地域・社会に還元する姿勢が重要であり，そのためにも地域社会に貢献する具体的な活動が重要になってくるからである。第二に，学校教育の知識・技能も一つ一つが独立しているのではなく，具体的な地域社会に当てはめることによって，常に学習の成果と現実社会を結びつけることができ，その過程で創造的・総合的な思考力や実践力を育むことができるからである。

　特に人口減少地域では，子どもたちも地域から早く出て行こうとしたり，地域に貢献しても無駄であるという意識が強くなる傾向があり，そのため地域全体が活気を失っていく。このような中で子どもたちにも意識的に地域と関わらせ，どのようにすればより地域に活気が出てくるか，自分たちで少しでもできることはないかを考えてもらうことが重要になる。

　学校の中には，地域づくりの様々なアイデアを提案するという総合的な学習活動を行ったり，実際にそれを実践してみようと企画運営する総合的な学習活動を行っている学校もある。また自分の地域の産業や地域の特色をPRする資料を作ったり，実際に修学旅行で都市部に出て，特産品を販売したり模擬店を運営したりする学校もある。このような地域づくり活動を実際に企画運営することで，自分たちの地域をより良くしようという意識も強くなっていく。

（2）　地域産業・職業体験を通じた学習活動と地域コミュニティづくり
　地方において地域づくりと密接不可分の関係にあるのが地域産業であ

る。地方の人口減少地域の基幹産業は，農林漁業や中小企業であったりする。しかしそれらの産業が地域の中で果たしている役割は大きく，地域産業を調べたり職業体験活動を行うことで，これまで見えなかった地域の中での役割が見えてくる。農漁業は，身近な食生活や健康とも関係しているし，林業・木材も基本的な生活に用いられる材料の多くは木材であり，自然環境保全としても林業が求められることが分かる。地域の中小企業は，地域住民に密着した地域内循環の商品を扱っており，大企業やスーパーでは担えない顧客対応をしていることも理解できる。

　このような地域産業を理解するために，農林漁業体験や中小企業職場体験を実施している学校も多い。これらの体験活動を実施した学校では，子どもたちはさらに地域の商工業などの職業を身近に感じるとともに，少しでも経済の域内循環と再生産を図ろうと考えるようになる。これらの地域の産業への愛着意識がやがて地域産業の後継者の育成につながったり，既存産業に付加価値を加えて発展させようと考える原動力となる。地域の産業体験・職場体験は，長期的には地域づくり意識と地域づくりの基盤となる。

（3）　根室市立落石中学校の総合的な学習と地域づくり

　一つの事例として根室市立落石中学校を取り上げたい。落石中学校では，地域産業としての漁業を活かして総合的な学習を体系化している。落石中学校の総合的な学習の時間に，落石漁港の職場体験を組み込んで，地域の産業である漁業と魚の特性を理解し，またその産業的な特徴を調べ学習活動にしている。これを文化祭での学修成果発表の題材にして，調べたこと体験したことの学修成果を地域に還元している。これを聞きに来た地域の人たちも学修の成果に改めて感心し，子どもたちの地域学習を応援したりして，子どもたちの主体的な学習活動を促進している。

また地域のイベント「おちいし味まつり」のスタッフとしてアンケート集約や募金活動・縁日・郷土食づくりの補助などを行っている。これらの活動に中学生が参加し，地域住民と一緒に行動することで，社会的活動やマナーなどの厳しさを経験できるようにしている。このまつりに参加する地域住民が「中学生がよく頑張っているね」と声をかけてくれるだけで，中学生は地域の一員であることを自覚し，また地域づくりの担い手として意識していくようになる。

　また修学旅行の活動を観光旅行的な内容だけでなく，「地域づくり」の一環として位置づけていくために，東京の「どさんこプラザ」に出向き，地元商品である昆布の販売や地域のPRパンフレットを配布したりした。これらは直接的な地域の生産活動支援でもあるが，活動を通じて地域を宣伝するということが，地域の誇りをいっそう高めている。

　このような活動に参加すると，子どもたちからは，「これまで当たり前と思っていた地域の産業や特徴をいっそう意識できた」，「地域をサポートできたという達成感がうまれた」，「地域をいっそう誇りに思うようになった」という感想が寄せられている。これらの学校の総合的な学習活動に対しては，地域住民が学校の活動をいっそう評価し学校教育活動を応援したり，ネイチャークルーズの船をサービスで子どもたちに提供してくれたりするようになった。地域づくりの総合的な学習活動によって，学校と地域の関係がいっそう強固なものになっている。

4. 学校支援パートナー・地域人材との連携と地域コミュニティづくり

（1） 学校支援パートナー・ボランティアとの連携と地域コミュニティづくり

　学校にとって身近なパートナーは，保護者・地域住民の中で学校支援ボランティアなどの活動に関わっている人である。これらの保護者・地域住民の学校支援パートナーは，自らの職業的な専門性や人生経験を活かして学校教育活動を応援してくれている人たちである。そしてこれらの保護者・地域住民は，自身の職業・生活の中で必ず地域の産業・生活と日常的に関わっている。

　これらの学校支援パートナーが持っている知識・技能を，アドバイザーとして地域づくり活動と連動させることで，子どもたちの活動もあらゆる活動が地域づくりになっていく。すなわち地域づくりの内容は，産業・経済に関わることだけでなく，文化活動・教育活動・福祉活動・公共活動等に関わることも，地域づくり活動として位置づけることができる。それらの活動を通じて，子どもたちが何らかの地域住民に関わり，地域の中に何らかの集団的・目的的活動が生まれるだけでも，地域全体が活性化していき，地域づくりとなる。このように地域の人材が学校支援パートナーとして，何らかの子どもたちの活動に関わることが，地域づくり活動になることを認識しておけば，あらゆる学校支援パートナーの活動は，すべて地域づくり活動となる。

（2） 家庭教育支援・子育てネットワークづくりと地域コミュニティづくり

　家庭教育は子どもの発達の重要な基盤であるが，家庭環境や経済的環

境が厳しい家庭も増えている。子どもの貧困率も6人に1人となっており，子どもの貧困問題が社会問題にもなっている。また保護者どうしも孤立化して情報交換や行き来が少なく，子育てにも困っている家庭も増えている。

　このような中で保護者どうしが子育て等のネットワーク組織を作り，家庭教育・子育ての情報交換をするだけでも，保護者の精神的負担も軽くなる。また家庭環境が厳しい状況にある子どもは，家庭の中から外に出ることができず，人間関係的にも閉鎖的になる可能性があり，様々な保護者・地域住民がネットワークを作り地域全体で相互に補う中で，子どもたちも地域に出て行くことができる。これは教育・子育ての地域づくりである。

　このように保護者の子育てネットワークを作り輪を広げていくことは，ネットワーク自体が地域コミュニティづくり活動の一つの柱となる。保護者どうしがつながれば，子どもどうしもつながるだけでなく，様々な地域活動に出やすく，そのことが子どもの社会的な発達の条件となる。社会教育行政も子育てネットワーク組織を意識的に作る支援をしている自治体も少なくないが，さらに学校と連携して子育てネットワークを作っていけば，学校と地域が一体となった地域コミュニティづくりとなる。

5．総合的な学習がつくる地域コミュニティの教育効果

（1）　地域を探求する学習活動と地域コミュニティの発展との相乗的な関係

　地域コミュニティとは，ある種のまとまりや協働的活動がある地域のことであり，学校や地域住民の有機的な活動の発展が地域コミュニティの発展の重要な条件となる。一つのエリアにある団体や活動は，さらに

様々な地域の集団活動や共同体やネットワークを作り，このことが地域コミュニティを強固にしていく。すでに見たように，地域を探求する総合的な学習活動は，地域を発見し，その成果を地域に還元する活動であり，これにより地域コミュニティがいっそう発展していく。

　地域コミュニティは，ある種の帰属意識をもたらし，そこでの人間関係を高めることを意識させていく。人間関係を高めようとする意識は，新たに学習活動・情報交換や協働活動を生み出していく。

　子どもたちによる地域を探求する総合的な学習活動は，地域を新たに知る取り組みとそれを地域に還元する取り組みを通じて，子どもたちだけでなく，地域住民にとっても地域を再発見する機会となる。さらに地域づくりに貢献する学習活動は，地域を活性化しようとする子どもどうしと地域住民どうし，そして子どもと地域住民の一体感を作り出していく。このような地域を探求する学習活動を意識的に追求することが，同じ地域的な特徴や地域活動の恩恵を共通に受ける地域コミュニティの発展をもたらしていく。すなわち地域を探求する学習活動と地域コミュニティは，相乗的な関係にある。

（2）　地域コミュニティの発展とキャリア意識形成の教育効果

　近年のキャリア意識形成の課題は，職業に就くことと同時に地域の中での職業を新たに起業することである。産業構造は常に日進月歩で変化しており，新しい職業やNPO等の地域活動も生まれている。自動機械化・情報化が進めば進むほど，職業や職務内容は大きく変わってくる。

　地域を探求する学習活動は，地域を深く知る活動であるが，その活動を通じて，地域のニーズとして何が求められているか，何を変えていかなければならないかが見えてくる。このことは将来的に見て地域づくりと職業づくりが結びつく条件ともなる。

地方においては，地域づくりの担い手は，地域産業の後継者としても位置付いている場合が多い。地方の農漁業や中小企業では後継者不足で地域の産業が崩壊する場合もあり，担い手の育成は重要な課題である。また直接的な産業の後継者でなくても，地域を発展させていきたいと考える子どもたちの思いが，いったん地域から離れても，やがて大学の専門教育や他地域での職業経験を基盤にして，新たな地域のNPO活動や職業を起業することにもつながっていく。

　このように地域を探求する学習活動は，将来的な自分の生き方と結びつけてその意義を子どもたちに伝えることによって，総合的な学習活動はキャリア意識形成教育となる。長期的な成長を目指す上で，地域を探求する総合的な学習活動と地域コミュニティの形成は，キャリア教育を通じた生きる力育成の重要な条件となる。

(3) 一体感を作る地域コミュニティと地域アイデンティティの形成

　地域を探求する総合的な学習活動は，地域の中での時間的・空間的な一体感を作り，そのことが地域の一体感ある地域コミュニティを作っていく。この地域の一体感ある地域コミュニティが強くなるほど，そこに自然と生まれる地域アイデンティティを高めていく。地域アイデンティティとは，他の地域とは区別される独自の地域性や社会的存在感であり，そのことが自ら認識できる自我同一性の地域特徴である。すなわち地域の良さや特徴を自ら認識でき，他地域に比して自分の地域の帰属意識や誇り・自慢意識・優越意識を伴いながら，愛郷心を高めていく地域の一体感である。

　この地域アイデンティティが高くなればなるほど，一般的に自己肯定感や役割貢献度感も高くなり，あらゆる学習活動や社会貢献活動が熱心に展開されていく条件となる。そのことはさらに社会や地域に貢献しよ

うとする公共的な姿勢や行動力を高めていく。このような地域アイデンティティは，単なる閉鎖的なノスタルジーではない。すなわち単に古い昔の地域を懐かしむ郷愁ではなく，新たに地域をより良いものに変えていく地域づくり活動の条件となるものである。したがって，地域を知ることと，その課題に基づいて地域づくりをしていくことは，新しい地域コミュニティを創るもの，そのための地域創造的な思考力や実践力を育む教育効果を生み出すものである。

演習問題

1. 地域を探求する学習活動がなぜ必要なのかを考えてみよう。
2. 地域を探求する学習活動の方法としては，どのような調べ方・学び方があるかを考えてみよう。
3. 人口減少地域では，なぜ地域を探求する学習活動がとりわけ重要であるかを考えてみよう。

参考文献

玉井康之編・北海道教育大学釧路校教師教育研究会『子どもの"総合的な能力"の育成と生きる力』(北樹出版，2017年)
川前あゆみ・玉井康之・二宮信一編著『アラスカと北海道のへき地教育』(北樹出版，2016年)

7 | 地域コミュニティと地域安全活動

岩永雅也・宮田美恵子

《目標&ポイント》 持続可能な地域における「共生」を形成するためには，誰もが安心して暮らすことのできる安全な地域づくりが不可欠である。ここでは，地域における「安全」の意味を明らかにした上で，安全で安心できる地域づくりをめざして行われる地域安全活動の意義と課題について，地域教育の視点から具体的に考察する。
《キーワード》 安全，危険，犯罪，自主防犯組織，地域安全活動，ボランティア，防犯環境設計論，見守り，境界，負担緩和

1. 地域の安全

（1） 安全をめぐる日本の状況

　近年，「安全」という言葉をよく耳にし，目にするようになった。一口に安全といっても，住まいの安全，食の安全，薬剤に関する安全，災害に関する安全など実にさまざまなものがあるが，それらすべてに共通する安全の概念について，まず初めに見ておくことにしよう。
　安全（safety）とは，気にかかる差し迫った危険あるいは脅威がないことである。一方，安全の反対語として用いられることが多い危険（danger）とは，心身や財産を脅かす可能性のある状況のことを指し，たとえば犯罪や災害，事故などの発生可能性を挙げることができる。辛島恵美子は，「安全は行為にともなう将来の見通しとしての『結果的事態』を言い，無事成功の『見通し』ということになる。」とした。また

「危険は将来の事態に関する現在の可能性」とした上で、「直ちに被害、災害、失敗といった決定的結果を意味してない」と述べている（辛島，1986, p.44）。

そうした語義を踏まえ、地域における安全の問題を考察するに先立って、日本全体の安全の現況について簡単に見ておくことにしよう。日本の安全は、世界の他の国と地域との比較においてどこに位置しているのだろうか。図7-1は、OECD（経済協力開発機構）加盟国である先進34か国の1990年、2000年、2005年における犯罪被害者数の対人口比を示したものである。2005年のわが国の犯罪率は9.9%であり、犯罪率の低さにおいて第2位であった。その15年前、1990年においては第2位のべ

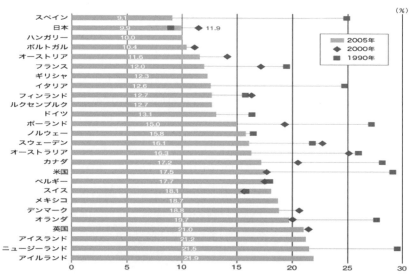

（注）国連地域間犯罪司法研究所（UNICRI）と国連薬物・犯罪局（UNODC）によって実施された「国際犯罪被害調査」による。

図7-1　国際犯罪被害者調査における犯罪率の国際比較

（資料）OECD Factbook 2006・2009

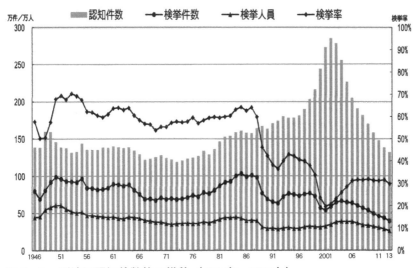

図7-2　刑法犯認知件数等の推移（1946年～2013年）
（資料）『警察庁統計』（各年版より）

ルギー，フィンランドより10ポイント以上も低い第1位であったことも分かる。統計値で見る限り，日本は世界の他の国や地域と比べて犯罪の少ない安全な国といえるだろう。

　同じことが刑法犯の数の推移からもいうことができる。図7-2は，わが国の犯罪認知件数の推移である。認知件数とは，警察が刑法犯としてカウントした犯罪の件数のことであり，現実には被害が生じていてもそれが警察によって認知される以前の暗数は含まない。量的に見ると，日本の犯罪認知件数は近年減少していることがわかる。こうした数値ばかりでなく，感覚的印象的にも，日本には「水と空気と安全はタダ」といった安全神話ともいうべき意識を持つ人が多いことも知られている。

　しかし，こうした感覚はもっぱら全体社会に関していえることであって，地域ごとの生活の安全という観点から見ると，やや状況は異なって

くる。子どもが被害者となる事件が相次いで起こっている。とりわけ，2001（平成13）年には，大阪教育大学附属池田小学校（以下，附池田小）において，授業中の学校に不審者が侵入し，児童8人死亡，教師を含む15人が重軽傷を負う事件が発生し，社会を震撼させた。安全な日本という"神話"に馴染んでいた多くの人たちにとって，まさに想定外ともいえる出来事だったからである。その後，2004（平成16）年には奈良県奈良市，2005（平成17）年には広島県安芸郡，栃木県旧今市市などで児童誘拐殺害事件や監禁事件が相次いだ。最近では2014（平成26）年の岡山県倉敷市や兵庫県神戸市，2017（平成29）年の千葉県松戸市の事件などが挙げられるが，そうした一連の子ども被害事件のいわば先駆けとなった附池田小事件は，地域で子どもたちの安全を考える1つの大きな契機となったのである。

　この事件以降，住民らによる自主防犯隊が全国で組織された。2017（平成29）年時点で16年が経過し，現在まで活発な活動が継続されている。この間，文部科学省では平成17年度から「地域ぐるみの学校安全体制整備推進事業」を実施し，通学路にスクールガードを配置して，子どもの見守りを開始した。加えて2009（平成21）年4月には，1958（昭和33）年より施行されてきた学校保健法第26〜30条に，学校安全に関する内容が追加され，「学校保健安全法」と改称された。第27条（学校安全計画の策定等）では，「学校においては，児童生徒等の安全の確保を図るため，当該学校の施設及び設備の安全点検，児童生徒等に対する通学を含めた学校生活その他の日常生活における安全に関する指導，職員の研修，その他学校における安全に関する事項について計画を策定し，これを実施しなければならない」とされ，子どもの保護者や警察署等その他の関係機関，団体等が連携して生活環境の整備に努めることが明文化された。こうして犯罪から子どもを守り安全を確保する取り組みは，地

域との連携の下，地域ぐるみでの実施が強調され，安全安心に対する関心が高まって，地域環境も変わっていくことになったのである。

(2) 地域連携の希薄化と地域安全活動

　地域の安全活動が進められることにより，コミュニティの在り方にも変化が見られるようになった。日本においても，近年，地域内のつながりが希薄化したと言われているが，2007（平成19）年『国民生活白書』では，その背景として，交通通信機関の発達等による生活圏の拡大，人口の都市集中，生活様式および生活意識の都市化など7つの要因が挙げられた。また，同白書には，10年前と比べて近所のつながりが弱くなった理由として，地域に対する親近感の希薄化や近所の人々の親交を深める機会の不足などが挙げられている。

　こうした状況について，子どもを取り巻く環境から変化をみていこう。子どもが暮らす地域環境の1つとして道路に目を向けてみると，1955（昭和30）年頃までは国道を除きアスファルト舗装された道路は少なく，車の数も数えられるほどであった。道の両側に商店などが建ち並び，子どもは家の前の道路で石蹴りやゴム跳び，キャッチボールに興じていた。道路は子どものあそび場であるほか，大人の生活の場であったといえる。藤本は，「大人にとってもまさしく生活の場であった。」とし，さらに「交通手段であったばかりでなく，家と地続きの生活空間としての機能を持っていた。」と述べている。（藤本，1976，p.62）と述べている。

　しかし，1960（昭和35）年以降になると工業化が進み，都市への人口集中に伴う住宅不足は深刻化した。そのため住宅開発に拍車がかかり，空き地が急減して子どもたちのあそび場が消滅していった。これを加速させたのが車社会の到来であった。こうした「場」の喪失は，子どもたちのあそび環境を大きく変えることとなった。

あそびは全ての子どもの成長発達にとって欠くことのできない生活そのものである。子ども自身が楽しいと感じ，自発的に行う活動であり，子どもはあそびを通して，身体的，精神的，社会的発達を遂げていく。社会生活を営む人間育成に欠かせない資質を養うこともできる。しかし今日の子どもは，現実には失ったあそび空間をゲーム機の小さな箱の中に求め，無限に広がる仮想世界にあそばざるを得ない側面もある。このように子ども本来のあそびを成立させるための4要素（仙田，2009，p.122）のうち，「空間」「時間」が変わり，少子化などによる「集団」の変化と情報化の進展は，あそびの「方法」にも影響を与えたと考えられる。

　このように環境変化が進む中，地域のつながりが希薄になったと感じる一方で，「困ったときに互いに助け合う」と考える人は6割を超えており，地域への貢献意識は決して低くない。また，貢献の方法については，自然環境保護，社会福祉，町会などの地域活動がそれぞれ35.0％を越えていた（『国民生活白書』平成19年版）。

　犯罪から生活や財産を守る安全確保の取り組みは，地域との連携下で進められ，子どもを守るための地域環境も変わっていった。すなわち，地域の緊密なコミュニティの中で自然に見守られ生活してきた子どもは，環境の変化とともに犯罪のターゲットにされた。しかし一方で，これらの事件を契機として安全面からもコミュニティの再構築が進められ，子どもは再び大人の見守りの目に包まれることになったのである。

（3）　ボランティア活動としての地域安全活動

　地域で子どもを見守る活動は，地域パトロールのほかにも，放課後子ども教室や学童保育，青少年育成活動などのボランティア活動として，多様にみることができる。ボランティア活動は，個人の自由意思に基づ

き，その技能や時間等を進んで提供し，社会に貢献することである。ボランティア活動の基本的理念は，自発（自由意思）性，無償（無給）性，公共（公益）性，先駆（開発，発展）性にあるとする考え方が一般的である。また，原語の"volunteer"は「志願者，義勇兵，自発的」を語源に持つため，有償か無償かを区別しないこともある。いずれにしても，子どもの安全に関わる見守り手は，その「自発性」から，ボランティアと呼ぶことができる。

　日々，地域や学校などの現場で子どもの見守りに当たっているボランティアの多くは，犯罪に関する知識や実務経験豊富な警察官や警備員とは異なる地域住民である。あたかも孫を見るように，地域の子どもたちを守りたいという「思い」や「願い」が動機となって，熱意をもち生きがいとして活動する高齢者も少なくない。子どもたちの周りには，こうしたボランタリーな人たちが見守る環境が整えられつつある。

　たとえば，地域安全や子どもの安全確保のためにパトロール活動をする自主防犯ボランティアは，2016（平成28）年12月末時点で48,160団体，構成員は2,725,437人に上っており，構成員のおよそ50％を60歳代男女が占めている（警察庁，防犯ボランティア団体の活動状況等平成29年3月）。70歳以上でも14.1％となっており，80歳代の人も見られるなど，比較的高齢の市民を中心として全国で活発な地域防犯活動が展開されている様子がうかがえる。

　内容は登下校の見守り，地域防犯のための徒歩や青色回転灯を装備した自動車（青パト）による見回り，落書き消しや清掃といった環境浄化活動，防犯教室や防犯キャンペーンなどの広報活動，高齢者世帯への個別訪問などである（政府広報オンライン http://www.gov-online.go.jp/useful/article/201410/1.html（参照は2017年10月23日））。活動の単位は，町会や個人の有志などによる。

活動の理念には，自他の安全安心な生活を担保し継続するために，自分にできることを考え自発的に協働する市民（citizen）であることがある。市民として，「できる人が（Man），できることを（Act），できる時に（Time），楽しみながら（Enjoy）行う」というMATE（仲間）創りであり，つながりをつくることである。さらに言えば，自主防犯ボランティアに限らず，住民一人一人が無理なくできる何らかの方法で，活動を行うことが基本である。近隣の人々とのあいさつや散歩がてらの見守りなどから気軽に始め，知り合いを増やし仲間をつくるといった活動が各地で見られる。

　こうした活動に関しては，附池田小事件から十数年が経過した現在，熱心に行われていればこその課題や問題なども明らかになっている。たとえば，活動する人の高齢化が進んでいる，次代を担う人が育っていない，モチベーションの維持がむずかしい，成果が見えにくい，活動資金が乏しいなどが挙げられる。中でも高齢化に伴う体力低下は，多くの地域が同様に抱える問題である。市民によるパトロール活動は，団体によって毎日子どもの下校時に合わせて60分程度のコースを決めて回ることもあれば，週に1回実施する団体もある。いずれにせよ高齢ボランティアにとっては体力的に厳しく無理が生じつつある。それに対しては，「見守りベンチ」（宮田）による見守りの方法が適している。これは通学路を中心にベンチを設置して，そこに腰掛けてもらうだけでも見守りや犯罪抑止の目になるというものである。また，高齢ボランティアの家の前や敷地内に椅子を置いて見守ってもらう，言い換えれば，「そこにいるだけ防犯」（宮田）の取り組みである。

　後述するように，そこに座っている人の目や存在が，犯罪の抑止力となるからである。また，子どもにとっても安心感につながる。地域防犯活動は，見守りの意識をもつことで誰でも気軽に参加できることがわか

図7-3 「見守りベンチ」による見守り活動（写真：宮田）

る。

このように，高いモチベーションによる防犯ボランティアの活動は，世界の中でも犯罪の少ないわが国の実現に寄与している。換言すれば，その姿を「プライド防犯」と称することができる。

2. 防犯活動とその背景

(1) 環境犯罪学

ところで，子どもや地域安全のための防犯活動には，どのような社会的根拠があるのだろうか。それについて，まず犯罪学理論の側面から考えてみよう。

「犯罪はなぜ起こるのか」の議論に関しては，1980年代前半ころまで犯罪原因論によって犯罪者自身の人格や境遇に原因を見出す議論が主流であった。しかし，現在では犯罪機会論により，犯罪を誘発する環境に注目し，犯罪の機会を減少させる環境犯罪学が台頭してきている。たとえば，犯罪につながる小さなきっかけをまちに取り残さないことで防止

していく「割れ窓理論」（Wilson. & Kelling, 1982）がある。1枚の割れ窓や小さな落書きの放置が，割れ窓の増加や壁全体の落書きに広がり，まち全体を荒廃させ，ひいては犯罪につながるという議論である。市民の活動としては，小さな落書き，1つの割れ窓も放置しないことで犯罪の予防につなげることができる点で，極めて実際的な理論であると言えよう。

　そのほか，「防犯環境設計論（CPTED: Crime Prevention Through Environmental Design）」（R. Jefferyら，1971）では，6つの基本が示されている。たとえば，括弧内に示した専門機関や市民の活動としてできることを実施することによって，犯罪予防ができるとされるのである。すなわち，①領域性の確保（敷地境界を示すフェンス，植栽，ブロック設置）②監視性の確保（街頭照明，防犯カメラ，監視の目，見守りベンチ）③接近性の制御（植木鉢などの設置による導線の制御）④対象の強化（2重ロック，強化ガラスの設置）⑤イメージ向上と改善（美化，あいさつ運動）⑥地域活動支援（パトロール，見守り活動の実施）である。

　そのほか「日常活動理論（M. Felsonら，1979）」は，小学校区ほどのエリアで犯罪が起こる3条件，①犯意ある行為者，②相応しいターゲット，③監視者の不在，を挙げ，同じ時空においてこれらの条件が揃った時，どこでも犯罪が発生する確率が高まることを示した（図7-4）。したがって，犯罪を防ぐには，市民活動として，3つの条件をオセロの駒のように裏返し，①の対策には防犯のまちづくりのためCPTEDや割れ窓理論をふまえた対策，②に対してはターゲットにしないための強化策として，物理的には2重ロックなど，人的には安全教育や防犯教育などの対象強化，③については地域防犯パトロールによる監視や見守り隊による見守りの目をつくり出すことにより，犯罪防止につなげるということである。前項で記した「見守りベンチ」の取り組みも，

全体としてはこの理論に依っている。犯罪を起こさせないキーは，条件③に関して，必要な時，必要なところ，たとえば登下校時間帯，通学路に監視の目を絶やさない工夫をすることである。

併せて大切なことは，地域安全活動の理念から，組織活動による目に任せるだけではなく，一人一人が意識を高め，自分にできる方法で見守りの目となり，あいさつを交わせる市民として，地域安全活動に参画することである。こうした市民性を高めることが，地域安全活動の本来の意義でもある。このように，地域安全活動は犯罪学の理論に基づいて犯罪予防に寄与していると考えられる。

L・コーエン，M・フェルソンによる日常活動理論は，先述の犯罪発生の3条件が揃った時，犯罪が起こる確率が高くなるとしている（図7-4）。通学路などにおける子どもの見守り活動であれば，③にあたるのは通行人などのほかに，見守り活動に関わる人たちであり，その存在が犯罪発生の予防に大いに寄与することになる。ただし，この理論の前提は，3条件がそれぞれ切り離された存在であることが重要である。たとえば，条件①の加害者と③の監視者が同一人物である場合には，②の被害者を見守る人が不在となる（図7-5）。また，条件①と②が独立していないケースでは，③の監視者は機能しえないからである（図7-6）。

(2) 事件にみる地域安全活動

ここで実際に起こった事例から，ボランティアの活動と安全を考えてみよう。

ボランティアによる地域見守り活動が活発化する中，2013（平成25）年6月，東京都練馬区で下校時の児童が刺傷されるという事件が発生した（以下，練馬事件）。学校と地域の境界である校門前は，児童の安全確保における責任者の不在から防犯上の盲点になることが往々にしてあ

第7章　地域コミュニティと地域安全活動　115

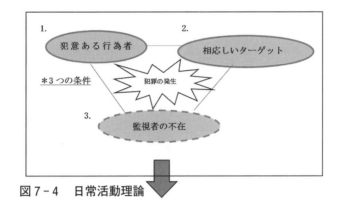

図7-4　日常活動理論

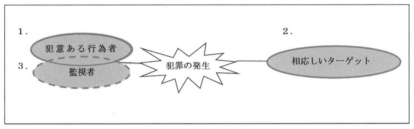

図7-5　日常活動理論の変形パターン1

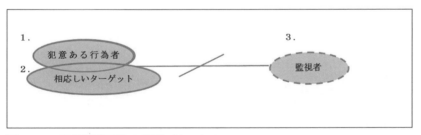

図7-6　日常活動理論の変形パターン2

図7-4, 7-5, 7-6は「日常活動理論」（L・コーエン，M・フェルソン1979），『こうすれば犯罪は防げる―環境犯罪学入門』（谷岡, 2004）より宮田一部加筆

るのである（宮田，2011）。

　事件当日，校門前で集団下校のため集まっていた1年生児童たちに，刃物を持った男が襲いかかった。現場付近で別の児童たちの横断補助にあたっていた70歳代の男性指導員が，校門前の児童の悲鳴を聞き，刃物男に立ち向かった。男性指導員の行動によって甚大な被害は免れたが，附池田小事件を彷彿させる事態であり，指導員自身の生命の危険性もあった。それにも拘わらず，恐怖心を押して指導員男性を衝き動かしたのは，子どもを守らねばならないという使命感，正義感といった思いや願い（＝自発性の源）であった。しかし，思いの強さゆえに見守り手がこうした事件や事故に巻き込まれることも視野に入れる必要がある。

　一方，さまざまな子どもの安全体制整備が進んだことにより，新たな不安の発見や課題もみられる。たとえば地域ぐるみの学校安全体制整備推進事業（前出）では，スクールガード・リーダーとして防犯の専門家等を委嘱し，学校や地域の団体等への指導・評価等を行うことにより，学校を中心に安全体制が整備されてきた。しかし，防犯活動は義務でなく，見守り手個人の自発性，志の高い市民性に依存して成り立っている面もある。換言すれば，確固とした思いに支えられている安心感と，不安定な安全性ということもできるだろう。子どもや学校に関わるボランティアは，このような場面に遭遇し対応することがあるにも拘わらず，見守り手自身の安全確保に関する実質的な議論は多くないのが現状である。見守られる側の子どものみならず，見守り手自身の安全確保についての課題も見逃せない。

3．地域再構築－放課後の安全神話

（1）　安全対策にみる放課後時間の境界と空白

　児童の登下校の安全に大人の目が向けられるようになり，その安全確

保対策が進んでいる一方で，放課後時間をみてみると，状況に変化のあることがわかる。たとえば東京都では，子どもを持つ家庭の共働き率は，6〜9歳未満の子どもを持つ家庭で58.0％，9〜12歳未満で66.7％となっており，5年前の平成19年度調査と比較して増加傾向にある。こうしたことから，放課後の安全確保や居場所づくりも課題となっている（平成24年度東京都福祉保健基礎調査）。これに対して，厚労省による学童保育のほか，文科省による平成19年「放課後子ども（総合）プラン」推進事業も創設され，児童の生活時間は家庭外に延長されている。小学1〜3年生の児童を預けられる体制整備として，放課後教室の「2万か所倍増計画」により，平成31年度末には，放課後子ども教室（以下，放課後教室）で過ごす子どもが現在の90万人からおよそ120万人に増加するといわれている。それに伴い放課後の安全対策も重要な課題となる。

　地域ボランティア活動における安全について，放課後教室を例にとって，住民から成る指導員を対象にした調査からみてみよう（宮田，2014, 2016）。まず，放課後教室のスタッフの構成は，女性が83.4％，男性16.6％。年齢では女性40〜50代，男性60〜70代が多く，女性と高齢男性に支えられている傾向がみられた。活動動機としては「子どもと関わりたい」59.1％，「子どもの役に立ちたい」40.6％などの回答が多く，子どもへの熱い思いがうかがえた。

　放課後子ども教室の安全については，図7-7に見るように，「大変安全」と「比較的安全」を合わせると45.3％であった。一方，「あまり安全でない」，「全く安全でない」を合わせると15.3％であった。このように，同教室は安全であると思う人が多い傾向が見られた。また，安全であると思う理由について，自由記述からは，「施設が学校内にあるから」「施設は学校と隣接しているから」「校内に先生がいるから」などが上位であることがわかった。しかし実際には，学校に教師がいるからと

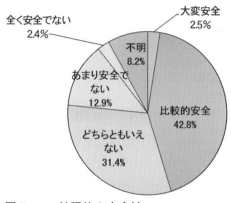

図7-7　放課後の安全性

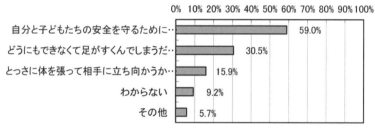

図7-8　とっさの対応予測

いって犯罪が起こらないとはいえず、見かけ上の安全に過ぎないと考えることもできるのである。

　また、先述の練馬事件のような出来事が施設で起こった場合、指導員でもある自身の行動について、「自分と子どもたちの安全を守るために最善を尽くすだろう」59.0％、「どうにもできなくて足がすくんでしまうだろう」30.5％に対し、「とっさに体を張って相手に立ち向かうかもしれない」が15.9％見られた。子どもへの「思い」には、かえって見守り手の被害を作り出すパラドックスが潜んでいることもある（図7-8）。

(2) 放課後時間の境界と空白

社会を震撼させた附池田小事件以降，地域ぐるみで子どもの安全を守る体制が整備され，活動が継続されてきた。地域により温度差はあるものの，学校と地域のつながりが着実に深まっている。これまでは閉鎖的ともいわれた学校内に，地域のボランティアが常駐して子どもを見守る地域もあるなど，これまでの学校文化の価値観や規範，風土や雰囲気からは想像できなかった関わりが見られるようにもなった（図7-9参照）。そうとはいえ，地域住民からなるスタッフにとって，学校を場とした活動には，無意識に学校や教員の参加を期待している側面もあり，とりわけ高齢のボランティアにはその意識が見られる。

一方，教師文化の特徴として，職務領域が無限に拡大する「無境界性」（佐藤，1997）から，放課後の時間帯であっても放課後教室に協力的な教師はいると思われる。しかし，実際には同じ学校の敷地内に施設があっても立ち寄ったことがない，といった教師も少なくない。放課後

図7-9 「学校常駐見守り」の取り組み
　　　（金沢市立大浦小学校）（写真：北村秀）

時間は基本的にスタッフに任されている。このように学校と地域，教師と地域のボランティア（保護者を含むこともある）の間には当然境界がありながら，その曖昧さがかえって責任者の不在を招き，守備範囲の不明確さのほか，緊急事態への不安や負担感をも生じさせると考えられる。先に言及した校門前の境界と空白に，同様の構図がみてとれるのである。

　つまり，内面に子どもへの熱い思いという強い自己意識をもち，立場上の葛藤を抱えている地域のボランティアは，境界人（marginal man）（R.Park, 1928, W.Wardwell, 1952）として，学校と地域，および学校の授業時間と放課後時間の境界に立っているということもできる。放課後教室は学校の敷地内にあったとしても役割上学校と同一ではない上，学校教育時間外の放課後であるといった時間上，物理的マージンがあり，さらに人的マージンとして立場，役割，それに伴う学校や教師との関わり，心理的マージンとして意識，熱意，安心感，不安感，負担感もある。これら境界に立つ見守り手の安全は，そのまま子どもの安全でもある。空白となりがちな境界のつなぎ手として，学校文化と教師文化との間に，新たな地域住民による安全文化が存在するのである。

（3）　地域安全活動の本来性

　見守り手自身と子どもの安全を守る観点に立って，地域住民から成るスタッフの役割は何かと考えてみよう。先の調査指導員の自由記述を引用すれば，「1日が終わり，最後の1人が親と一緒に帰る姿を見て，今日も1日何事もなくありがたいと感謝して帰ります。」「私たちは施設で子どもたちと接している時は，先生と親の半々の気持ちで一緒に笑ったり，悲しんだり，遊んだり。叱る時には理由をあげて目いっぱい怒ります。」といった言葉にその本来性を見ることができる。つまり，スタッフの本来の役割は，子どもを見守り寄り添うことにある。教師であれば，

本来の役割は教育であり，学校内で防犯指導を実施したり，子どもが遭遇する危険事案の情報を身近に把握するなどの守備範囲や役割も考えられる（山根・野口・齊藤，2016）。

このように，地域安全活動は一人一人が自分にできることで参加することに意義があり，守備範囲や役割を明確にし負担緩和を行った上で協働していくことが，地域ボランティアや子どもを守る活動における安全性，継続性を保つためには何より重要となるのである。

演習問題

1. 自身が居住する自治体（市町村）の犯罪発生状況について，犯罪統計などを用いて調べてみよう。
2. 地域コミュニティにおいてボランティアが担うことのできる防犯活動にどのようなものがあるか，具体的に考えてみよう。
3. 見守り手の安全性，活動の継続性の観点から，地域のボランティア活動が担う役割について，具体的に考えてみよう。

引用文献・参考文献

辛島恵美子『安全学索隠-安全の意味と組織-』（八千代出版，1986年）
佐藤学「「中間者」としての教師-教職への存在論的接近」（教育哲学会，教育哲学研究，1997年）
仙田満『環境デザイン論』（放送大学教育振興会，2009年）
谷岡一郎『こうすれば犯罪は防げる―環境犯罪学入門』（新潮社，2004年 p.37）
藤本浩之輔『子どものあそび空間』（NHKブックス，1974年）
宮田美恵子・山根由子・齊藤知範「防犯活動における見守り手の安全確保の問題について」（日本犯罪社会学会第41回大会プログラム・報告要旨集，pp.51-52，2014年）
宮田美恵子「子どもの安全対策における放課後時間の境界と空白」青少年問題（一般社団法人青少年問題研究会，2016年）
山根由子・野口磨美・齊藤知範「防犯の役割分担と負担緩和策（4）－日常活動理論から考える教員による犯罪被害防止策の検討」（日本社会病理学会第32回大会プログラム・報告要旨集，p.13，2016）
Cohen, L. E., & Felson, M. (1979). Social change and crime rate trends: A routine activity approach. *American Sociological Review*, 44, 588-608.
Jeffery, C. R. (1971). *Crime prevention through environmental design*. Sage Publications.
R. E. Park, "Human Migration and the Marginal Man" A. J. S. vol. 33, 1928, PP.881-893.
Wilson, J. Q., & Kelling, G. L. (1982). Broken windows: The police and neighborhood safety. *Atlantic Monthly*
W. I. Wardwell "A Marginal Professional Role: The Chiropractor" S. F. vol. 30, 1952 PP.339-348.

8 | 地域と学校の安全教育

岩永雅也・宮田美恵子

《目標&ポイント》 子どもたちの安全な生活を保障し，将来にわたる安全安心の担い手を育成する安全教育は，家庭や地域コミュニティの中で，とりわけ学校においてどのように位置づけられ，行われているのだろうか。ここでは，地域における子どもの遊び，家族や住民による見守りやしつけ，学校との連携，放課後子ども教室の活動など，地域と学校が安全教育や防犯教育に果たす役割等について詳細に検討する。
《キーワード》 学校安全，安全教育，防犯教育，地域ぐるみ，安全文化，防犯体験学習，防犯モラルジレンマ学習，4つのアイテム，市民先生，地域安全文化創出型

1. 家庭・地域・学校における安全教育

（1） 学校安全教育

第7章で述べたように，社会を震撼させた事件（次頁図8-1参照）が契機となり，学校の内外で子どもを守る機運が高まった。当初は地域の有志が自発的に活動を始めたが，今では全国で防犯パトロール隊が結成されるなど，組織的な取り組みが活発に展開されている。

2006（平成18）年には文部科学省による通学路へのスクールガードの配置，次いで2009（平成21）年には学校保健安全法へ改訂され，「学校安全」ではあるものの「地域ぐるみ」で子どもを守ることが強調された。学校と地域の在り方，関係性がこれまでと大きく変わってきたのである。そうした状況の下での家庭・地域・学校における安全教育について見て

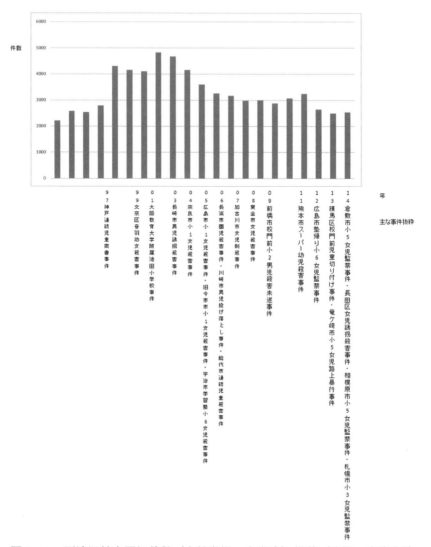

図 8-1　刑法犯被害認知件数（未就学児・小学生）推移（詐欺・窃盗を除く）と主な事件抜粋

（資料）警察庁統計に基づき宮田が再構成。

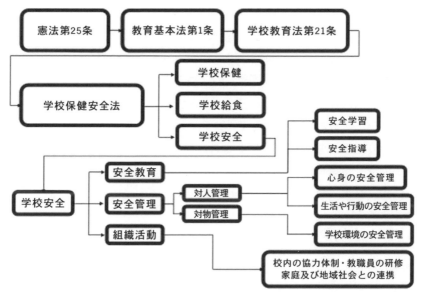

図8-2　学校安全の構造図
　文部科学省「生きる力をはぐくむ学校での安全教育」(平成22年)を基に作成

いこう。

　学校安全の根拠は，憲法第25条「すべての国民は，健康で文化的な最低限度の生活を営む権利を有する」に求めることができる。また，教育基本法第1条「教育は，人格の完成を目指し，平和で民主的な国家及び社会の形成者として必要な資質を備えた心身ともに健康な国民の育成を期して行われなければならない。」も重要である。さらに学校教育法第21条8項「健康，安全で幸福な生活のために必要な習慣を養うとともに，運動を通じて体力を養い，心身の調和的発達を図ること。」といった法令も根拠になっている。そこからもわかるように，いうまでもなく健康と安全は全ての基本となるものなのである。そうした法規を基礎として，学校安全は図8-2のように安全教育，安全管理，組織活動から成り，

安全教育は安全学習と安全指導に分類される。

　学校保健安全法における学校安全は「学校健康教育」の1領域であり，学校保健，学校給食，学校安全の3つから成る。学校安全はさらに「安全教育」「安全管理」「組織活動」の3つの下位領域に分けられる。そのうち，安全教育は，形態として「安全学習」と「安全指導」に二分されるが，そこで扱われる内容もさらに3領域に分けられている。すなわち，①生活安全：日常生活で起こる事件・事故災害（犯罪被害を含む），②交通安全：交通場面における事故・災害，③災害安全：地震，津波，火山活動，風水（雪）害などの自然災害，火災，原子力災害，である。①の「生活安全」は，さらに校内生活と防犯に分けられている。また，④として「情報安全」を含める場合もある。

（2）　学校安全教育の目標

　学校保健安全法の改正については前章でもふれたが，そのポイントは以下の5点である。①設置者の責務：事故・災害の防止，発生時の適切な対処のため，学校の設置者は，施設・設備，管理体制の整備充実，必要な措置を講ずるよう努めること，②総合的な学校安全計画の策定と実施：施設・設備の安全点検，通学を含めた学校生活や日常生活における安全に関する指導などについて計画を策定し，実施しなければならないこと，③学校環境の安全確保：施設・設備に支障のある場合には遅滞なく必要な措置を講じ，それが不可能ならば，対策を講じることができない旨，設置者に申し出ること，④危険など発生時対処要領（「危機管理マニュアル」と同義）の作成など：危機管理マニュアルを作成時，校長が，教職員に周知，訓練などを行い，また学校は，発生時に，子どもや関係者の心身の健康回復の支援を行うこと，⑤地域の関係機関などとの連携：保護者，警察署，関係機関，安全に関わる団体，地域住民との連

携に努めること。

　学習指導要領2008（平成20）年の総則第1の3では，「学校における体育・健康に関する指導は，児童の発達の段階を考慮して，学校の教育活動全体を通じて適切に行うものとする。特に，学校における食育の推進並びに体力の向上に関する指導，安全に関する指導及び心身の健康の保持増進に関する指導については，体育科の時間はもとより，家庭科，特別活動などにおいてもそれぞれの特質に応じて適切に行うよう努めることとする。また，それらの指導を通して，家庭や地域社会との連携を図りながら，日常生活において適切な体育・健康に関する活動の実践を促し，生涯を通じて健康・安全で活力ある生活を送るための基礎が培われるよう配慮しなければならない。」とされている。

　このように，安全教育は1つの教科ではなく，各教科と教育活動全体を通して行われる。したがって生活安全の場合には，体育・保健体育科，社会科，生活科，特別活動，道徳といった複数の教科・科目の内容を相互に関連付けて，クロス・カリキュラム（cross curriculum）として行われるとともに，教育活動全体を通して行われるものである。

　学校における安全教育の目標は，具体的には次の3つの目標が挙げられている。

（ア）日常生活における事件・事故災害や犯罪被害などの現状，原因及び防止方法について理解を深め，現在及び将来に直面する安全の課題に対して，的確な思考・判断に基づく適切な意志決定や行動選択ができるようにする。

（イ）日常生活の中に潜む様々な危険を予測し，自他の安全に配慮して安全な行動をとるとともに，自ら危険な環境を改善することができるようにする。

（ウ）自他の生命を尊重し，安全で安心な社会づくりの重要性を認識し

て，学校，家庭及び地域社会の安全活動に進んで参加・協力し，貢献できるようにする。

　このように，安全教育目標には，自他の心身が傷つくことなく，生命を守ることと並んで，「安全で安心な社会づくりや安全活動に協力し貢献できる」ことも明示されている。さらに言えば，地域活動を通して自らの暮らすまちや子どもたちの安全のために役立つことを生きがいとし，自己実現している人たちの思いや願いを引き継ぐという次代の見守り手の育成も含まれている。「一人一人が無理なく自分にできる方法で地域の安全活動に参加して，地域ごとの安全文化創出に寄与し次代へつなげる」ことのできる，市民としての資質を高める学習であると解釈し得る。それによって，犯罪の少ない安心して暮らせる"わがまち"をつくり，ひいては世界の中でも屈指の安全安心な日本社会を維持できるのである。

　したがって，安全指導や安全学習は，他者とのつながりに軸足を置いた内容や方法が創出されるのがふさわしい。

(3) 家庭と地域の安全教育

　それでは，学校以外の家庭や地域における安全教育とは何であろうか。安全で安心な暮らしが続くことは，多くの人にとっての願いであろう。そうであれば，図8-3のように，安全教育は0歳で生まれたその時から生涯にわたり，ライフステージのそれぞれの段階で，家庭，地域，学校の特質と目標によってなされ，時に重なり合い補完し合いながら並行して行われるものとなる。言い換えれば，安全安心に暮らせるまちをつくり，守り続けるための生涯学習活動である。

　0歳から就学前までは家庭での安全教育が中心となる。6歳からの小学校，12歳からの中学校段階などでは，学校での安全教育があり，並行して地域でも安全教育がなされる。地域の安全教育とは，地域の人々が

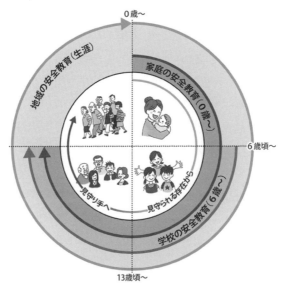

図 8-3　安全の発達サイクル（イメージ）
MIYATA Mieko©

地域安全活動をする姿そのものともいえる。たとえば地域住民による子どもの見守り活動は数十年継続され，日々，子どもの傍で自発的に考え協働する安全教育の目標を体現している。子どもの市民化モデルとなって教育的効果を与えていると考えられる。

　家庭では，将来の見守り手となるための土台づくりが中心となる。まずは身近な養育者との関りの中で，信頼関係や愛情の絆を結び，自尊感情や自己肯定感をはぐくむ。そうして他尊感情が芽生え，命の大切さに気付き，守るべき大切なものがあることを知ることから安全教育がはじまる。生活の中では，状況や関係性に応じたあいさつができる，約束や決まりを守る，身の回りのものを大切にする習慣を身に付けるといったしつけも安全教育に通じる。自然に親しむことも大切である。

また，同時期には，友人との外あそびを十分行うことで，他者と関わり順番を待つことや譲り合うことなど相手への配慮の必要性を感じ，コミュニケーション能力を高めていくことも求められる。

加えて重要なのは，養育者と一緒に地域行事や町会の活動に積極的に参加することである。地域の人々と交流し顔見知りになることは，見守られる存在から，将来，自ら考え協働する市民として見守り手になる第一段階である。地域との関わりを少しずつ深め，わがまちへの愛着と居場所を確認することである。こうしたきっかけづくりは家庭での安全教育の重要な役割の一つである。このように，家庭の安全教育が土台となり，地域の安全教育，学校の安全教育がそれぞれ機能し，見守られる側から見守り手へと発達しながら，地域の人々は生涯それぞれの段階での関わり方をもつことになるのである。

2．犯罪被害と防犯教育

(1) 防犯教育の課題

安全教育の3領域のうち，交通安全と災害安全をのぞき，日常生活で起こる事件・事故災害（犯罪被害を含む）における犯罪被害に関わる教育（以下，防犯教育）について考えてみよう。

安全教育がめざしている目標は，家庭・地域・学校のそれぞれの場に共通している。しかし，通学路などでの子どもの誘拐事件を想定した現行の防犯教室などでは，「自分の安全を守る」ために，周囲の人を不審者と見なして避ける，排除するテクニックなど，ノウハウの習得になりがちなケースもある。

さらに小学生が犯罪から自分で自分を守るといっても，子どもの発達段階からできることに限りがあるのは明白であり，大人からもたらされる行為に対し，十分対応できないことも想像に難くない。子どもの防犯

力，すなわち自ら安全や危険に気付き，必要に応じてその場から離れ，状況を伝える一連の能力（危険予測能力，危険判断力，危険対応力，危険離脱能力，危険伝達能力など）に関する検討が必要であるが，データ不足のまま，大人の経験値を頼りにした学習になりがちな点が懸念される。

相次ぐ子ども被害事件を受けて，地域で子どもを守る機運が高まり，大人が子どもを守りたい一心で，「ヘンな人を見たら走って逃げろ！」という合言葉の下，一部の人々を差別視し排除することによって，自分の安全を守るよう子どもに指導してきた過去の一時期があった。それから数十年が経過し，当時の子どもが親世代になりつつある現在，「地域の子どもにあいさつしたら不審者と間違われて逃げられた」，「通報された」というように親切心からの言葉がけに対する過剰反応もみられる。大人にとって善意の言葉かけを躊躇わせる側面も少なくない。そのことが，コミュニティ希薄化の一因ともなっている。

安全教育の目的に照らせば，防犯教育においても安全確保の方法は人の排除や孤立化によるのではなく，地域の人々との協働により創出されるものである。このことが強調されなければならない。この点を認識した上で，防犯教育のあり方を見ていこう。

（2） 子どもの被害実態

子どもの刑法犯被害件数は，少年（20歳未満の者）では200,921件となっている。子どもが遭いやすい罪種は窃盗，暴行，傷害，強制わいせつ，恐喝と続いている。さらに，子どもが被害者となる割合の高い罪種として略取誘拐が挙げられる。その内訳を件数でみてみると，未就学児が36件，小学生では54件，中学生が22件となっている（表8-1参照）。

加えて，不自然な声かけやつきまといといった犯罪の前兆的行為など

表8-1 就学別の犯罪被害件数（平成25年警察庁）

区分	罪種	合計	殺人	強盗	強姦	暴行	傷害	脅迫	恐喝	窃盗	詐欺	強制わいせつ	公然わいせつ	逮捕監禁	略取誘拐	その他
被害件数		1,052,567	930	3,101	1,410	31,397	27,908	3,401	3,571	794,533	25,728	7,672	1,232	305	185	150,994
	人口当	826.85	0.73	2.44	1.11	24.82	21.92	2.67	2.81	624.15	20.21	6.03	0.97	0.24	0.15	118.61
少年計		200,921	103	306	557	5,399	5,061	438	1,379	173,547	507	3,958	573	93	157	8,843
	人口当	895.53	0.46	1.36	2.48	24.06	22.56	1.95	6.15	773.52	2.26	17.64	2.55	0.41	0.70	39.41
未就学		462	42	0	0	94	114	2	1	0	0	86	2	2	36	83
	人口当	7.32	0.67	0.00	0.00	1.49	1.81	0.03	0.02	0.00	0.00	1.36	0.03	0.03	0.57	1.31
小学生		20,190	26	8	47	673	330	32	61	17,395	14	936	115	6	54	493
	人口当	302.38	0.39	0.12	0.70	10.08	4.94	0.48	0.91	260.52	0.21	14.02	1.72	0.09	0.81	7.38
中学生		45,671	7	26	109	1,235	1,453	108	400	39,962	27	589	161	8	22	1,564
	人口当	1,291.60	0.20	0.74	3.08	34.93	41.09	3.05	11.31	1,130.15	0.76	16.66	4.55	0.23	0.62	44.23
その他少年		134,598	28	272	401	3,397	3,164	296	917	116,190	466	2,347	295	77	45	6,703
	人口当	2,277.08	0.47	4.60	6.78	57.47	53.53	5.01	15.51	1,965.66	7.88	39.71	4.99	1.30	0.76	113.40
成人計		851,646	827	2,795	853	26,198	22,847	2,963	2,192	620,986	25,221	3,714	659	212	28	142,151
	人口当	812.16	0.79	2.67	0.81	24.98	21.79	2.83	2.09	592.19	24.05	3.54	0.63	0.20	0.03	135.56

注1：「人口当」は、人口10万人当たりの認知件数である。
注2：人口は、総務省統計局の推計人口（平成25年10月1日現在）による。
注3：「未就学」は、総務省統計局の推計人口（平成25年10月1日現在）の0～5歳を計上した。
注4：「小学生」と「中学生」の人口は、文部科学省学校基本調査（平成25年版）による。

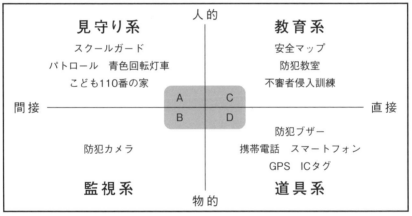

図8-4 子どもの安全対策4分類　　MIYATA Mieko©
（資料）宮田美恵子『0歳からの子どもの安全教育論―家庭・地域・学校で育む，しみん・あんぜん力』（明石書店，2010年）より，一部修正

について尋ねた調査（宮田 2019年，関東地方におけるサンプル数603名の小学生を対象とした調査）によると，13.0％の児童がいずれかの遭遇経験をもっていることがわかった。

(3) 子どもを守る取り組み

　こうした被害実態に対して，子どもを守る取り組みや対策は前頁図8−4のようにAからDの4グループに大別される。

　Aは見守り系として大人主体の対策であり，子どもにとっては間接的に安全を確保，補助する対策である。たとえば，登下校時に通学路で子どもを見守る「スクールガード」や，地域を巡回し犯罪を未然に防ぐ「パトロール」，怖いことや困ったことがあったときに駆け込んで一時避難できる「こども110番の家」，パトカーの赤色灯に替わって青色灯を車に装備した自動車（青パト）による見守り活動などがある。

　Bは監視系であり，大人によって設置された「防犯カメラ」は，犯罪の未然防止や早期解明に役立つ。Cの教育系では，子ども自身が対応方法を直接体得する学習などが含まれる。たとえば「安全マップ」はまちの中にある危険や安全を見て歩き，まちの人に話を聞き，それらの情報を基に模造紙などにまちの地図を描き，発表するなどして危険予測能力を高める学習である。こうしたフィールド・ワークにGPSなどのITを活用した手法としては，「聞き書きマップ」が代表的である。これは地域の危険個所をデジタル化し，紙地図への出力にも対応する（齊藤，2012）。発展途上にあったこの方式の実用性は，その後開発者の原田が向上させている（原田，2014）[注1]。「不審者侵入訓練」は，学校に不審者が侵入した事態を想定し避難経路や方法を体験する訓練である。また，警察署などによって開催される「防犯教室」などが含まれる。これについては後述する。

　Dは子どもが身に付けることによって直接的に守られる道具系である。たとえば，ひもやボタンを操作することによって100dBほどの音量を発し，相手をひるませ，周囲に危険を知らせる道具である「防犯ブザー」や，身に付ければ離れたところから子どもの居場所がわかる

GPS（Global Positioning System）全地球測位システムがある。

そのほか，子ども携帯電話やスマートフォンの携行もみられる。ICタグは，子どもが身に付けることで，学校などに設置されたセンサーに反応し，子どもの居場所を保護者などに伝えるものである。

（4）学校における防犯教育の現状

学校では教師による日々の安全指導のほか，行事として年に1回程度，警察官や公益法人，企業職員，地域の有志など外部講師によって，図8-4のCに含まれる防犯教室が，それぞれ独自のプログラムによって実施されるようになった。これらの学習機会は，児童が犯罪から命を守る意識を高め，知識を習得する上で重要な役割を果たしている。

2007（平成19）年の小学校での防犯教室実施率は95.8％となっており，中学校の78.9％よりも高い（警察庁）。防犯に関する学びの場も定着しつつある。警察庁が示している被害防止教室は，学校への不審者侵入時の訓練と，通学路などでの被害防止訓練があり，後者は方法として講話，ロールプレイング，寸劇・人形劇・ビデオ上映，安全マップの作成などを用いる。そのほかこども110番の家への駆け込み練習や防犯訓練があり，その中で防犯機器（防犯ブザーなど）の使用や不審者・声かけなどへの対応訓練がなされている。

次に，文部科学省が示している実践は，「学校における防犯教室など実践事例集（平成18年3月）」に掲載されている。事例集には，通学路安全マップづくりのほか，防犯教室については，シミュレーション，ロールプレイング法を活用し，防犯ブザーなどの実演や万一の場合の支援方法の共通理解を図ることが記されている。内容は，通学路，地域，学校内などにおける不審者による犯罪被害防止のための防犯避難訓練であり，実地訓練，頭上訓練やシミュレーションを行い，声をあげて周囲

に助けを求める，防犯ブザーなどを活用する，交番，こども110番の家や商店などに逃げ込むことなどが指導されている。

（5）　防犯教育の課題と子どもの防犯力

　一方で，学校での防犯教育の現状を見た場合，以下のような課題もある。
①継続性：単発のイベント的開催，発達段階ごとの対応の不足
②目的・内容：テクニック習得重視，目的のブレ
③科学的根拠：児童の防犯力の傾向や特徴に関するデータの不足
④教材：精査された教材やプログラムなど選択肢の不足
⑤協働：地域ぐるみでの取り組みの難しさ
⑥人材：外部講師の力量や専門性の限界
⑦時間：時間確保の難しさ
⑧大人の視点：大人の経験値への依存

　先の2019年調査（宮田）の結果では，被害経験を持つ13.0％の児童の対応について，防犯ブザーの使用は4.0％，こども110番の家の利用は4.0％であった。その他，何ら対応できなかったと回答した無対応児童が12.0％いた。現在，小学生の防犯ブザー所持率は全国で84.5％であり，こども110番の家の設置率も進んでいるにもかかわらず，このように緊急時対応の難しさをうかがわせる現状もあるのである（平成19年，文部科学省「学校の安全管理の取り組みに関する調査」）。

　こうした児童の防犯力の傾向と特徴をふまえ，子どもの視点に立った教材やプログラムによる教育が必要であるが，その際裏付けとなるデータは往々にして不足しがちである。

　児童が略取誘拐などの犯罪に遭遇する際には，甘言や脅しなどの声かけが契機となることがある。危険からの離脱行動は，危険を予測し，危

険な対象を認知した上で行動化される。しかし，児童を対象に実施した調査では，そもそも声かけの段階で，相手が潜ませている犯罪性を子どもが感じ取ること自体の難しさが示された（宮田，2010）。たとえば，被害経験のあった15.0％の児童のうち，相手との遭遇時における違和感や危機感の有無を尋ねたところ，「感じなかった」と回答したのは，低学年では76.7％，中学年では55.0％，高学年でも48.6％にのぼっている。

　また，子どもは「知らない人に注意する」ように教示されることがあるが，児童の場合，「知らない人」といった未知・既知を分けるのは，「相手の情報や自分との関係性」と「悪い人のイメージ」に大別され，現実とは異なる外見上の判断が基準になっている児童が少なくない（宮田，2016）。加えて児童には，大人からの声かけへの対応においても，道徳性と防犯性の間でジレンマが生じやすく，対応の困難さが見られた。たとえば，「他人の困りごと」に関する声かけのケースでは断りにくさを示す児童が58.4％であり，「自分の困りごと」36.1％よりも多かった。また，「断ること」自体への抵抗感を抱く児童も少なくなかった。

　このように子どもの防犯力には発達段階や性，パーソナリティなどの違いがあり，それらを考慮した上で実際の緊急場面で活かせるスキルとすることが重要である。子どもが自分で自分を守るといっても限界があり，離脱行動が遅れたり，先の無行動につながったりすることが想像できるのである。

　すなわち，これからの学校における防犯教育は，イベント中心からエビデンスに基づいた地域ぐるみで取り組める教育への転換が必要なのである。それこそが防犯教育のめざす1つの方向といえるだろう。

3. 新しい防犯教育の実践

（1） 防犯体験学習によるコミュニケーション力の育成

　以上の点に軸足を置き，学校を中心とした教育実践を紹介しよう。1つ目は，「心をはぐくむ新しい防犯モラルジレンマ学習」（以下，防犯モラルジレンマ学習），2つ目は「防犯体験ミヤタメソッド」（以下，ミヤタメソッド）による防犯教育プログラムの実践である。

　防犯モラルジレンマ学習は，映像教材を用いて，教師が授業を行う。または，放課後子ども教室や学童保育などにおいて，映像を用い地域の大人と子どもが学ぶこともできる。同教材は犯罪防止学習に道徳的観点を取り入れ，防犯と道徳の兼ね合いにより学習する。単に知らない人を避ける，排除することに力点を置くものではない。犯罪は特別なものではなく，平素から危険が生じる可能性への意識をもって生活すること，地域の一員として道徳的な対応ができることも重要である。それにも拘わらず，はじめから他者の行為を善か悪のいずれかと決めつけて対応することは適切だとはいえない。

　子どもは日常生活の中で大人に声をかけられた時，道徳的規範から親切に応じるべきか，誘拐などの犯罪性もふまえて断るべきか，判断に迷いが生じることがある。対応によっては相手に失礼にあたり，他方では被害に遭うかもしれない，というように，声かけ場面ではジレンマが生じるこ

図8-5　防犯モラルジレンマ学習の様子
　　　（川口市立元郷小学校）

（写真：宮田）

とを理解し，対応の困難さを緩和することによって相応しい対応ができるようにすることが防犯モラルジレンマ学習の目的である。言い換えれば，自分の安全を担保し，かつ相手に失礼なく声かけの段階で相手の誘いや依頼にいかに対応するかのコミュニケーション法を体験的に学ぶのである。

図8-6　「防犯体験ミヤタメソッド」実施の様子　　　　　　（写真：宮田）

　ミヤタメソッドは，危険からの離脱方法の体得を中心とした防犯教育・学習プログラムである。これは，危険の対象を外見などで判断せず，むしろ人と人との心地よい「あいさつ」をベースにして，危険の対象とのコミュニケーション法によって，声かけから危険離脱行動までを体験的に学ぶものである。

　子どもが自分で自分を守るといっても，緊急時に対応しにくいのは先述のとおりである。子どもの防犯力をふまえれば，子どもが自分を守る対応の柱は，「危険から離れる」「状況を伝える」ことに集約される。危険から離れ，危険な状況を信頼できる大人に伝えバトンタッチするために必要な「4つのアイテム」[注2]を理解し，知識と行動を結び付ける体験学習によって体得していく。このプログラムで最も大事なことは，人を避けたり排除したりするのではなく，むしろ自分たちを守ってくれる地域の人たちがいる安心感や，命の大切さと併せて緊急時の特別な行動様式を学ぶことにある。

　以上，2つのプログラムは，科学的根拠に基づいて犯罪や防犯教育を日常生活の中で捉え，生活スキルの1つとして体験的に行う点がこれま

での防犯教育と異なっている。

　このように，まずは学校で専門家による精査された内容や方法による教育が実施され，次に学習によって得た心構えや知識，行動の方法を保持する役割を果たすイベントには意味がある。教育とそれをサポートするイベント的取り組みについては，学校と家庭，地域の役割を明確に分担し連携することによって，防犯教育をより充実させ地域に根付かせるシステムづくりが求められるのである。

（2）　学社連携・融合による「地域安全文化創出型体験学習」の実践

　地域で子どもを守る取り組みは，保護者をはじめとした一人一人が意識をもち無理のない方法で関わることが大切である。加えて，学校保健安全法において子どもの安全確保は地域ぐるみによって実施されることが強調されているように，防犯教育は外部講師に一任するだけでなく，学社連携・学社融合によって行われるところに本質があると考えられる。それは地域ごとの安全文化を地域の人々の手で創出していくことでもある。

　学社連携とは，学校教育と社会教育（学校外の教育）とがそれぞれの教育機能を持ち寄り，相互補完することである。たとえば青少年施設での宿泊体験などがそれであり，農業体験学習やふれあい学習，放課後子どもプランもその1つである。学社融合は学社連携がより進んだ形で計画段階から協働するというものである。たとえば，公民館での事業を両者が共同で作り上げていくといったプログラムがあげられる。

　学校において地域や保護者が一緒に行う学社連携，学社融合による防犯教育の例としては，先に概説したミヤタメソッドの実施がある。これは地域の人と子どもが学び合い安全安心を創り出す「地域安全文化創出型体験学習」の例でもある。すでにいくつかの地域で定着しているので

その例を紹介しよう。

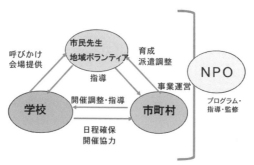

図8-7　地域安全文化創出型体験学習実施
のイメージ　　MIYATA Mieko©

(3)　学校における「市民先生」の取り組み
　「ミヤタメソッド」は，時間的あるいは人的な問題からイベント化しがちな学校での防犯学習を教育として機能させるとともに，地域ぐるみでの活動とすることも目指している。生活安全は災害安全や交通安全と同様に，子どもの生命に関わる専門性の高い分野であり，専門家もしくは専門家による指導と経験を積んだ指導者が関わるのが相応しい。この協働システムでは，教育関係者や市民が指導者養成講習によって知識や内容，指導方法を学び，実践を積んで「市民先生」となり担当する。講習は市町村単位によりNPO法人[注3]が実施している（図8-7）。
　家庭・地域・学校の協働による「地域安全文化創出型」のプログラムは，市町村が窓口となり，学校との連絡，日程の調整などを行って実施される。指導者講習を修了し実践経験を積んだ保護者を含む地域の大人が，市民先生として学校での指導を担当する。各地域では，犯罪発生状況ばかりでなくコミュニティの様子も異なっており，それぞれの特性，地域性の実情に合わせ，学校を中心に地域の大人によって展開されるこ

とに意義がある（図8-8）。

すでに各地の県市単位で市民先生の取り組みが根付いており，例えば，市内におよそ110の学校がある自治体では，市民先生による取り組みが継続的に行われている。また教育委員会が窓口になり，市内すべての小学校で実施しているケースもある。学校を場と

図8-8　地域ぐるみの防犯教育

（写真：宮田）

して市民先生が中心となり熱心な授業が展開されており，子どもばかりでなく指導者である地域の大人も安全や危険に関する意識や知識を着実に向上させている。現在の見守り手によって，未来の見守り手が育成される実践であり，パトロールなどの地域活動と同様に，学び続け自己実現する生涯学習活動の1つでもある。子どもと大人がともに防犯教育・防犯学習に参加することで，文字通り地域で安全安心に生きる力をはぐくみ，地域全体の教育力を高めることになるのである。

》》注

注1）最新情報は「科学が支える子どもの被害防止」のホームページで更新されている。http://www.skre.jp

注2）4つのアイテムは，「自分のふうせん」「防犯ブザー」「くちのブザー」「ノー・ランドセル」のこと。

注3）日本こどもの安全教育総合研究所 http://www.kodomoanzen.org/

演習問題

1. 子どもたちにとって地域の人々への信頼と防犯意識とを両立させることの意味と難しさについて考えてみよう。
2. 自身が居住する地域の学校でどのような防犯教育が実施されているかを調べてみよう。
3. 地域コミュニティに住む私たちが子どもたちの防犯教育活動に参加することの意義について具体的に考えてみよう。

引用文献・参考文献

齊藤知範「子どもの被害の把握と防犯上の課題に関する研究」(『自動車技術』66, 12, pp.73-80, 2012年)

原田豊「『聞き書きマップ』による市民主導のセーフティプロモーション」(『学校保健研究』55, pp.499-506, 2014年)

宮田美恵子「小学生における防犯モラルジレンマに関する研究」(日本子ども社会学会第23回大会発表要旨集録, pp.46-47, 2016年)

宮田美恵子『0歳からの子どもの安全教育論―家庭・地域・学校で育む、ちいき・あんぜん力―』(明石書店, 2010年)

宮田美恵子・和気瑞江『安全におうちへ帰ろう！じぶんをまもる4つのアイテム』(日本こどもの安全教育総合研究所, 鈴木出版, 2017年文部科学省選定図書認定, 2017年度)

9 子どもの地域生活と生活体験活動

玉井康之

《目標＆ポイント》 子どもの生活環境の便利さや遊びの変化が，子どものあらゆる能力の低下につながっていることを理解する。とりわけ6才～10才頃のギャングエイジ期は直感的で行動的な感性が強く，抽象的な思考よりも，具体的な活動に基づき，五感を育てることが重要であることを理解する。

　五感を使った体験的な活動が多い子どもほど，第六感も働き，現実的な想像力や判断力も高くなる。自然体験活動の中では，創造力・制作力・行動力が身につくこと，また異年齢集団の中では，年長者としてのリーダーシップや人間関係調整力を高めていくことを理解する。早くから機能的な人間関係を作るよりも，全人格的人間関係を作る方が，長期的には人間関係を作る能力を身につけられることを理解する。

　また「少年自然の家」などで実施する集団宿泊活動を学校等が活用することで，子どもの信頼感・一体感を作ること，さらにそれらの自然体験活動・集団体験活動を子どもたちに意識的に提供することが，子どもたちの仲間作りにとって重要であることを理解する。勤労体験学習や公共活動・ボランティア活動も，子どもの社会性を高める条件になることを理解する。

《キーワード》 生活環境，集団遊び，コミュニケーション力，人間関係調整力，ギャングエイジ期，全人格的人間関係，機能的人間関係，五感，第六感，想像力，創造力，制作力，行動力，異年齢集団，リーダーシップ，少年自然の家，自然体験，生活習慣，自己管理能力，仲間づくり活動，職場体験，農業体験，地域公共活動，ボランティア活動

1. 子どもの生活環境の変化と対人関係の変化

（1） 子どもの生活環境の変化と子どもの生活能力低下の課題

　少子化・核家族化が進み，子どもの家庭環境は，全体として一人っ子など兄弟が少ない家庭が多くなっている。子どもどうしの関係も3人以上で集団的な関係となるが，家庭内での兄弟げんかや日常的に会話をする機会が少なくなり，家庭内でも人間関係が希薄になっている。また祖父母のいない核家族化は，子どもたちが多世代の中で見守られたり厳しく叱咤激励されたりする経験が少なくなる。

　玩具や遊び道具も一人一人で遊べる玩具となり，室内で一人で機械と遊べるようになった。共通の遊び場や公園などの屋外で集団で遊ぶ子どもが減少している。一人一人で遊ぶ玩具は，玩具の取り合いのけんかも起こらないが，貸し借りの相互扶助の関係も経験しなくなった。外遊びの減少は体力の低下を招き，体力の低下は忍耐力・持続力の低下にもつながっている。集団遊びの減少は集団の中でのコミュニケーション能力や人間関係調整能力の低下を招いている。

　また生活様式も機械化されてきたために，家事労働やお手伝いなども減少しており，労働しながら家庭内や家族に貢献する経験も少なくなっている。地域社会での奉仕活動の減少も地域における社会関係や公共精神・奉仕的精神を養う経験を減少させている。

　このように家庭・地域の様々な生活環境の変化が，子どもの集団的な関係能力や体力・コミュニケーション力などのあらゆる能力の低下に影響を及ぼしている。これらの家庭・地域での生活環境は，子どもの耐性能力やレジリエンス（精神的回復力）を下げる要因にもなっている。これらの生活の中で形成される能力は元々意図的に高めていたわけではなく，生活環境の中で必然的に培われていたものであるが，生活がある意

味では便利になったことが，別の面で能力の低下にもつながったと言えよう。このような生活環境の変化で様々な能力が低下してきたからこそ，低下した子どもの能力を補う体験活動や社会的・集団的な教育活動を意識的に提供する必要が生まれてくる。

（2） ギャングエイジ期から思春期への遊び集団の変化と交友関係への影響

　子どもの遊び集団は，元々6才から10才頃までのギャングエイジ期と言われる発達段階を基盤にしている。ギャングエイジ期は，直感的な感性が豊かで，抽象的な思考よりも具体的な事象を五感で感じていくことが得意である時期である。また考えたことをすぐに行動に起こすことができる時期であり，行動するたびに行動力が身についていく時期である。このような時期には理屈よりも感覚的・行動的に新しいことを体験できる機会を増やすことが感性を磨く条件となる。

　ギャングエイジ期は友人との人間関係も，集団的に行動を始めて行く時期である。この時期は，様々な年齢・性格・能力の違いがある人どうしも，ある程度時間と空間を共有し「一緒に遊んで楽しい」という感覚的な気持ちが起きれば，人間関係を広げていける時期である。したがってギャングエイジ期はある程度一緒に遊んでいれば，多様な人との人間関係にわだかまりもなく，集団的な関係が広がり，行動力も高まる。これは性格・立場を超えてあらゆる活動を一緒に行う「全人格的人間関係」である。このようなギャングエイジ期には，自分の殻を超えて集団的な人間関係の機会や体験的行動的な活動を提供していくことが長期的な発達には重要である。

　一方小学校高学年から中学校にかけての思春期になると，社会性ができてくる時期でもあるため，失敗や他人の評価を恐れて，躊躇したり大

胆に行動しなくなってくる。友人関係も極めて機能的に使い分けて，年齢・性格・能力の違いを超えて誰とでもつきあうことに抵抗感が生まれてくる。これは目的や機能に応じて人間関係を限定的に使い分ける機能的人間関係である。

このように思春期前のギャングエイジ期までに，様々な人と人間関係を作っていれば，新しい人間関係も相対的に抵抗感が少なくなるが，逆にギャングエイジ期までに様々な人間関係を作っていなければ，新しい人間関係を作ることには極めて抵抗感が強くなってしまう。早い発達時期から機能的人間関係を使いこなすよりも，早い時期にはむしろ全人格的人間関係を経験しておくことが，その後の大人になるときの人間関係を作る上で重要になる。

2．子どもの生活体験の教育力と現実的な想像力

（1） 体験的な五感の発達と第六感

人間の意識は，意識できているのは１割未満で９割は無意識だと言われている。この９割の無意識の経験が基盤となって，我々が何か判断しなければならない時には，瞬時に過去の経験に照らし合わせながら判断を下している。それはいわゆる「感」とか「第六感」と呼ばれるものであり，「第六感」が働く人は無意識にではあるが，何となく判断が正しい場合の人も少なくない。この場合に，過去の経験が多い人ほど，無意識にその多くの経験を確率的に導き出している場合が多い。第六感は六番目の感覚であるが，五感としての視角・聴覚・嗅覚・味覚・触覚の五つの感覚が発達しているほど，第六感も発達する。

例えば宇宙人を見たことがなければ想像することはできないが，"宇宙人は蝉のようなもの" "宇宙人はカニのようなもの" などと言えば，蝉・カニを思い浮かべて想像する。しかし蝉・カニを見たことがなけれ

ば，想像することもできない。すなわち人間は無意識に過去の経験に基づいて判断しており，判断の下となる経験が多い方が第六感も多くなる。想像力は，頭の中ではどのようにでも展開できるが，空想的な想像ではなく，現実的な想像力を働かせるためには，見たり聞いたりするなどの現実の五感を使った経験があるほど，無意識のうちにその五感を使った判断力や行動力も高まっていく。

したがって子ども達には，地域の自然体験・生活体験・社会体験など，五感を使う機会を多くするほど，現実的な創造力や判断力などが高まり，長期的な発達を促していく。これらは学力のように直接的に得点で表せられるわけではないが，無意識の中で高まる潜在的な能力である。

（2） 自然体験探索活動と子どもの創造力・制作力・行動力の発達

子どもは元々探索活動が好きであり，特に普段見えないものや動植物・自然など生きているものに興味を示す傾向がある。この自然などの探索活動に興味を持つ動機は，1）未知の世界を垣間見る魅力，2）変化するものをとらえる魅力，3）予想と異なる意外性の魅力，4）働きかけて反応する魅力，などがある。このような子どもが元々持つ探索に対する興味関心を伸ばせるような自然体験活動等を提供していくことが重要になる。

自然の中に入ると，動物・昆虫・魚類・水生類などがいるが，子ども達はこれらがどのような生態・生命力を持っているかを細かく観察できる。小さな変化や特徴をとらえる子どもの観察眼は大人よりも鋭く，このような自然を観察できる機会が，子どもの観察力を高めていく。また自然は四季を通じて動植物も変化しており，観察を通じて違い・変化を発見することができる。その違い・変化に対しては，最初に見たこととその後の変化の比較の中で，「なぜ・どうして」の問いを持ちながら，

課題発見力や仮説予想力を身につけていく。

　また自然の物は既成の玩具に比べて加工しやすく，弓矢・竹でっぽう・笹舟・どん栗ごま・リース・竹馬・花卉染色・パチンコ・草笛・泥遊び・砂遊び・水遊び・火遊び，など子どもたちは様々な自然の物を駆使して遊び道具を作っていた。このような加工・制作できることが，自分で工夫したり創りあげる創造的な活動能力と創造的思考力を身につけさせる。

3. 集団遊びと異年齢集団・仲間集団の教育力

（1）集団遊びと異年齢集団の教育力

　元々地域にはガキ大将集団があり，小学校6年生ぐらいまでの子どもが一緒に集団で遊んでいた。その遊び集団の高学年がリーダー格になり，皆に声をかけたり，意見を調整していた。高学年は，低中学年を支配する立場でもあったが，下級生の意見を調整したり下級生を保護する立場でもあった。低中学年は，ある程度高学年の子どもに支配されて従いながらも，他方で高学年の能力を尊敬していた。

　上級生は，下級生がそれぞればらばらに自己主張したとしても，その意見をとりまとめて一つにまとめていく必要があり，それぞれの妥協と調和を同時に進めなければならない。このような経験が年長者としてのリーダーシップや人間関係調整能力を高める条件となっていく。また下級生を一方的に支配するだけでは，下級生は上級生について行かなくなるので，下級生の面倒を見るとか下級生の意見を吸い上げながらルールを作っていく必要がある。すなわち支配と保護が同時に行われ，また妥協と調整が同時に行われる。これらの集団の中での微妙な調整経験が，社会的な調整能力や人間関係能力の基礎となっていく。

　下級生の場合は，上級生に支配されながら，そこでの人間関係調整能

力を観察しており，上級生のまずいやり方は，それを改善しようと意識することになる。下級生は身近な上級生との関係の中で，上級生の集団的な関係能力を見ることで，社会関係の目標を見つけて自分もそれに近づこうと努力することができた。

このような関係は，同級生との関係だけでは対等な立場であるため，人間関係の役割分担や集団を統率するリーダー的な立場は経験しにくいが，異年齢集団であれば，比較的上級生という立場で役割を担うことができる。学校教育の中では基本的に同学年で学習活動が行われるため，同質性が強いが，異年齢の集団を意識的に作ることも重要な課題となっている。

（2） 集団遊びと「全人格的人間関係」の教育力

子どもの時の人間関係は，特定の人たちとあらゆる活動を一緒に行う「全人格的人間関係」が強く，大人になると人間関係を機能に応じて使い分ける機能的人間関係となっていく。そのため「機能的人間関係」が最終目標のように見えるが，子どもの発達段階ではむしろ「全人格的人間関係」の方が重要な経験となる。

元々地域の遊び集団は，あらゆる異なる遊びを一緒に行っていた。この集団は，メンバーがほとんど固定しているが，違う遊びの中で異なる他者の側面をとらえることができ，様々な能力を多面的にとらえることができた。したがって，単純な評価項目で他人を見るよりも，その人の第一印象だけでなく，別の能力を持っているのではないか，自分にはない能力もあるかもしれない，という気持ちが重要である。このような一緒に様々な活動をする「全人格的人間関係」の集団遊びが，他の子どもを暖かく受け入れ，信頼感を形成していく。

一方早い段階で「機能的人間関係」を作っていくと，若干の嫌なこと

でも我慢して一緒に行動するよりは、自分の都合の良い関係や利益になる関係だけを打算的に作ろうとして、相互互恵関係を作ろうとしなくなる。一方的な人間関係は長続きしないために、結果的には孤立化していく。

現代の子どもは、コンピュータゲーム機や家の中での遊びが多くなり、「全人格的人間関係」を作らず、早い段階で「機能的人間関係」を作る傾向にある。このような傾向は、長期的には様々な人と人間関係を作っていく能力と意欲を失い、個別的孤立的な関係となっていく。このような子どもたちの集団関係・人間関係を変えるために、意識的に集団的な関係づくりを進めていくことが重要になる。

4．校外生活学習・集団宿泊活動の設定と教育効果

（1）「少年自然の家」の集団宿泊活動と友人との信頼感・一体感の形成

子どもたちの日常的な関係も希薄になっているため、信頼感や一体感を作るために、集団宿泊活動を取り入れている。集団宿泊活動は、「少年自然の家」などで実施しており、学校ではこれらの施設のプログラムを利用して、集団宿泊体験を実施しているところが多い。

子どもたちは一緒に寝泊まりすると、他の子どもを見る観点も、普段の教室や学習活動では見れない別の能力を見ることになる。また一緒に寝るということは、戦地で敵には寝ているところを見せないことからしても、信頼感を寄せないと一緒に寝ることはできない。逆に一緒に寝ることによって、信頼感も高まっていく。このように、学校から離れて集団宿泊活動を行うことは、人間関係づくりとしては、極めて重要な契機となる。

例えば、北海道立厚岸少年自然の家「ネイパル厚岸」の1泊から2泊

の宿泊活動例（p.152）を見ると，次のような内容となっている。この集団宿泊活動の中で，様々な生活体験や自然体験を組み込んでいく。集団宿泊活動は，1週間程度の長い期間が効果があると言われている。そのため，長期休みなどで，ある程度自由参加にして実施する場合が多い。学校の教育課程として実施する場合は，1泊と2泊のメニューが多いが，1泊でも子どもは変化していく。

（2） 集団宿泊活動での生活体験と生活能力の育成

　集団宿泊活動では，様々な生活体験も行うが，その教育効果は，以下のようなものがある。第一に，親と離れて生活するため，親離れできることである。子どもたちは炊事洗濯などの家事をあまりしていないが，自分たちで炊飯準備や寝具の準備をするだけでも，親の苦労も分かり，親に対する感謝・ありがたみの気持ちも起きてくる。

　第二に，包丁・ナイフ・鍋やナタ・のこぎりなど，簡単な道具を使いこなす技能を身につけることができる。道具は怪我も生じるので，危ないものでもあるが便利なものでもある。この道具をうまく使いこなすことが生活を豊かにし，自分で自分の身の回りのことをこなしていける条件となる。

　第三に，早起き・時間管理などの規則正しい生活をすることで，生活習慣が確立していく。特に生活が乱れている子どもの場合は，時間管理ができないことが多く，生活時間を守る習慣づくりが重要になる。このような生活経験が生活の自己管理能力と自立を促していく。

　第四に，集団宿泊活動では，様々なグループワーク・協同作業や集団運営が不可欠となるが，自分たちで集団活動の企画立案・役割分担・活動管理を計画実行することで，企画立案能力や集団運営能力が身についていく。

1泊2日のプログラム展開例A

		午前	午後	夜
1日目		移動	●野外炊事 　カレーライス 　石釜ピザ 　ジンギスカン＆焼きそば ●仲間づくりの活動 ●原始火おこし体験	●ナイトハイキング 　遊歩道コース 　樹海観察塔コース 　厚岸の夜景コース ●キャンプファイヤー ●スポーツ交流
2日目		●創作活動 　焼き板クラフト 　七宝焼き 　陶芸　etc ●フォトラリー ●カヌー体験 ●英語活動 　コミュニケーションラリー	移動	

1泊2日のプログラム展開例B(キャンプ)

	午前	午後	夜
1日目	移動	●テント設営 ●買い物 ●野外炊事	●キャンプファイヤー ●ナイトハイキング ●星座観察
2日目	●創作活動	移動	

2泊3日のプログラム展開例

	午前	午後	夜
1日目	移動	●グループエンカウンター ●オリエンテーション	●校歌練習 ●ホームルーム
2日目	●創作活動 ●フォトラリー ●カヌー体験	●野外炊事 ●仲間づくりの活動 ●原始火おこし体験	●クラス対抗スポーツ交流 ●キャンプファイヤー ●レクリエーション
3日目	●校歌コンクール ●ふりかえり	移動	

図9-1　北海道厚岸少年自然の家「ネイパル厚岸」の集団宿泊活動プログラム

5. 厚岸少年自然の家の自然体験・集団体験活動と仲間づくり

(1) 非日常的な自然体験活動と感動

　少年自然の家での体験活動は，様々な自然体験活動・集団活動などのメニューを揃えている。例えば北海道厚岸少年自然の家では，以下のような体験活動メニューがある。体験メニューは，大きく分けて，1）自然体験，2）創作体験，3）食育体験，4）仲間作り（出会い），5）仲間づくり（課題解決），6）仲間づくり（伝達・協働）がある。

　自然体験では，火おこしやファイヤーストームなど，日常的な自然体験ではできないような体験活動も実施し，感動的な経験ができるようにしている。このような感動的な経験は，自然の中で遊ぶことの楽しさを意識させ，感動する力を高めていく。感動する力は，次の新しい活動意欲になっていく。

表9-1　北海道立厚岸少年自然の家「ネイパル厚岸」の体験活動事例

自然体験	創作体験	食育体験
・原始火おこし（ひもぎり式） ・ファイヤーストーム ・キャンドルのつどい ・森のフォトラリー ・街並みフォトラリー	・フォトスタンド ・名札・バックタッグ ・焼板クラフト ・しおりづくり ・七宝焼 ・陶芸 ・楽焼 ・貝細工 ・キャンドルづくり ・竹トンボづくり ・エコ箸づくり	・野外炊飯 ・流しソーメン ・もちつき ・野焼きパン

仲間づくり（出会い）	仲間づくり（課題解決）	仲間づくり（伝達・協働）
・うちわではくしゅ【動作観察による一体感】 ・グーパー体操【左右異なる異動作能力】 ・おおきな畑【リズム感のある手遊び・全身表現】 ・大工のきつつきさん【リズム感のある物語表現】 ・ゆびのはくしゅ【指先から大きな動作までの表現】 ・肩たたき【隣人との身体接触相互効果】 ・もしもしかめよ【手遊びによる身体接触効果】 ・弁慶【腕による身体接触効果】 ・あんたがたどこさ【腕による身体接触効果】 ・一郎さんと二郎さん【手遊びによる身体接触効果】	・コードブルー【協働活動によるボール救出】 ・ZOOM【絵カード伝言表現活動】 ・コミュニケーション火おこし【別々の道具説明の合体による協働作業】 ・ヘリウムフープ【フラフープの指先協働持ち上げ】 ・魔法の鏡【集団フラフープ潜りによる同形作成課題】 ・エブリバディアップ【集団立ち座り協働作業】 ・ドミノ2000【ドミノ協働】 ・つまようじ共同絵画【爪楊枝の協働絵画】 ・ストロータワー【ストローのタワー建設協働作業】 ・トランプの国の秘密【指令カードによる伝言表現】 ・トレジャーハンター【謎解き探検協働作業】 ・わたしたちの先生【指令書による協働課題解決】	・トラストフォール【倒れる人と支える人】 ・ふわふわドーム【シートの上のボールの運動】 ・サイコロトーキング【サイコロ目による自己開示】 ・ビンゴ【統一テーマによる協働ビンゴ】 ・前後左右【指示と行動の一体感】 ・ふーふーティッシュ【ティッシュ浮遊の協働作業】 ・見えない長なわとび【見えない波長の一体感】 ・インパルスリレー【手先の信号送信リレー】 ・集団ジャンケン【集団同一ジャンケンによる一体感】

北海道立厚岸少年自然の家「ネイパル厚岸」の活動事例集より引用
※【　】内の解説は玉井が体験活動の内容と意義をとらえたもの

（2） 仲間作りの体験活動と集団の人間関係

　厚岸少年自然の家では，仲間作りのメニューも揃えている。子どもたちの生活がコンピュータゲーム等で一人で遊ぶ機会が多いため，直接身体言語などを使って接触する仲間作りを意識的に提供していくことが重要になる。これらのメニューの中には，食事づくりや協働作業などで一体感や仲間作りを進める活動の他に，集団づくりゲームや伝言・表現などの活動を用いて人間関係づくりを進める体験活動もある。

　これらの集団活動を少年自然の家等で経験すれば，学校に戻っても学級活動等でまた実施することができる。子どもたちの日常生活の中では，直接的な人間関係を作る機会が少ないだけに，学校や地域を含めて，意識的に集団的な関係づくりを進める働きかけが必要になる。

6．地域の社会体験学習の設定と教育効果

（1） 地域の勤労体験学習と教育効果

　子どもたちは生活の便利さの中で家事労働や公共活動などの働く機会も少なくなった。そのため，職場体験や農業体験など，実際の現場に出て働く経験も必要になる。これらの社会経験が，社会の中での規律や職業的専門性の厳しさを理解することになる。

　学校の中では，先生の指示に従って動けば良いし，分からなければ先生が教えてくれるが，社会の中では自分で考えて行動しなければならない場面が多い。またいい加減に対応することもできず，規律に従って自分をコントロールしなければならない。このような勤労の体験が，生き方や適性を判断する条件にもなる。

（2） 地域公共活動・ボランティア活動と教育効果

　地域の公共活動や奉仕活動・ボランティア活動も重要な社会体験とな

る。欧米ではサービスラーニングとして，地域に奉仕することで自分が成長するという目的活動が多く設けられている。日本ではまだその活動時間は少ないが，学校外教育活動として重視されてきている。これらの活動が，社会に貢献する役割貢献度感や自己有用感を高め，いっそう内発的な動機や生きる力を高める条件となっていく。

　これらの公共活動やボランティア活動を進める場合には，ある程度一斉に実行する活動の他に，様々な自由活動メニューを用意しながら，自らやりたい活動を選択し，できる活動部分から入っていくことも長く続けられる条件になる。子どもが実際にやってみながら，徐々にその活動的な達成感や社会的意義を見出していくことが重要である。

演習問題

1．なぜ今の子どもたちに自然体験活動や集団遊びなどが求められるようになったのかを考えてみよう。
2．異年齢集団はどのような教育効果をもたらすかを考えてみよう。
3．「少年自然の家」などと連携して，どのように集団宿泊活動を企画していくかを考えてみよう。

参考文献

住田正樹編『子どもと地域社会』（学文社，2010年）
高階玲治編『発達に応じた学年・学級経営』（教育開発研究所，2010年）

10 | 地域コミュニティの活性化と都市・農村の交流

玉井康之

《目標&ポイント》 1960年代以降，農村から都市への人口移動が問題になったが，一方で都市から農村に移りたいと考える人も，生じてきたことを理解する。
　全国的な人口減少は学校統廃合を招くが，これが産業や地域コミュニティのさらなる衰退につながっていくこと，都市の子どもが農村に移住する山村留学も発展し，これが学校存続だけでなく，様々な地域コミュニティの発展につながっていることを理解する。
　山村留学は，都市の子どもと農村の子どもにそれぞれ刺激と教育効果を与えていること，様々な自然体験活動・農業体験活動や地域活動ができること，都会での生活と違った生活体験をすることが，人間的な成長を広げていることを理解する。成功している鹿追町の山村留学は，地域と学校と教育委員会が連携し，様々な定住政策と併せて推進しているために，山村留学も発展してきたことを理解する。
《キーワード》 過密問題，過疎問題，総人口減少，学校統廃合，都市農村交流，山村留学，親子留学，小規模異年齢集団，信頼感，自然体験，農業体験，体験活動，移住，定住，自然体験留学センター，鹿追町

1. 農山村の急激な人口減少と地域コミュニティの課題

（1） 過密・過疎の人口問題の影響と地域コミュニティの課題

　現在全国的な少子化と総人口減少が進んでいるが，1990年代までの人口減少は農山漁村だけの減少であり，都市・市街地は人口が増えていた。

したがって人口問題は，都市に集中する人口過密化問題と農山漁村の過疎化問題の対立的な問題であった。

農山村の人口減少は激しく，農山村では地域コミュニティの崩壊にもつながっていった。多くの農山漁村では，農漁業の担い手が少なくなり，後継者不足や経営的な問題で地域の経済再生産がさらに苦しい状況となっていた。この農山村の人口問題の背後にあったのは，食糧輸入政策と第一次産業の経済・産業問題である。すなわち農山村問題は，国産の食糧自給率を向上する方向ではなく，食糧輸入によって安く済ませようとする食糧政策の変化によるものであった。

人口減少は，地方自治体の地方交付税交付金の減額につながり，地方公共財政をも悪化させた。そのため地方自治体の財政赤字が，地方行政の住民サービスにも影響を及ぼしていた。公共施設や商業施設も農山村では撤退するところも出て来て，地域の経済格差がさらに激しくなっていった。

一方の都市部は物価高・住宅不足・住居費高騰・交通ラッシュなど，生活の中で別な過密問題が生じて，生活様式や生活経済にも支障を来していた。都心に住むことができずに1時間以上通勤時間をかけて都心に通勤するため，朝早くから自宅を出て深夜まで戻れないという生活を強いられた。高度経済成長が終焉するまで，世界の中では日本の生活スタイルを「ウサギ小屋に住む働きアリ」と都市生活を揶揄する表現も現れ，必ずしも都市生活が農村生活に比して便利であるということもなかった。

しかし高度経済成長以降の国民的意識としては，都市的な生活を文化的な生活であるとみる風潮があった。そのため都市の生活様式が困難であっても，都市生活が豊かさの象徴であると思って都市に移動する人が増えていった。

（2） 子ども・学校の減少と地域教育コミュニティの衰退

　産業・経済問題による人口減少が起きる時にはまず若年労働力が減少していくので，そのまま子どもたちの人口減少となる。過疎地では一般的に人口減少比率の中でも若年人口減少比率と子どもの人口減少比率が大きくなる。この結果学校の児童生徒数が少なくなり，地域の中にも子どもがいなくなってくる。

　学校では，子どもの減少とともに学級数と教職員数も減少し，学校の中も活気がなくなってくる。運動会・文化祭など地域に公開してきた学校行事でも，人数が少なくなると種目や活動内容も縮小して，何となく貧弱に見えたりする。

　さらに問題なのは，学校運営が維持できなかったり，学校規模の一定の維持を求めるために，学校統廃合が進められ，地域に学校がなくなることである。農山村の地域から学校がなくなると，意識的にも「自分たちの学校」という共通の心の拠りどころがなくなっていく。また学校は教育・文化活動のコミュニティセンターでもあるので，学校がなくなることで，地域住民が教育活動や文化活動を通じて集まる機会や日常的な交流もなくなっていく。すなわち，学校がなくなって地域住民がばらばらになり，地域コミュニティが衰退していく。学校がなくなることは教職員がいなくなるだけでなく，子どもを持つ親や家族たちも地域から去って行くため，さらなる人口流出を招き地域コミュニティは崩壊していく。

2. 山村留学による学校存続の取り組みと子どもの成長

（1） 都市・農村交流の取り組みとしての山村留学の広がりと学校存続の意義

　このような学校の統廃合問題が全国的にも進む中で，学校存続と併せ

て，子どもたちの自然体験不足に対応するために，長期に子どもたちが農山村に移り住む"山村留学"が考案された。これを農山村の学校に1年間通えるような取り組みに発展させたのは，「財団法人育てる会」であり，1976年に長野県八坂村で実施した留学制度が現在の山村留学の原型となった。

この山村留学はその後全国的に拡大し，北海道から九州までの農山村や離島など，色々な地域で取り組まれた。1990年代には毎年全国で1500人ほどの子どもが山村留学制度を活用して，農山村の小規模校に通いながら農村生活を送っている。

この山村留学制度は恒常的に子どもが移り住んだわけではないが，1年間であれば農山村に移り住んで，自然の中で暮らしたいと希望する子どもや保護者も少なくない。1990年代頃には，都会の学校はマンモス校が多く，校庭も小さく自然が少ないため，のびのびできる雰囲気が少なかった。このような都会の雰囲気を転換したくて農山村の学校に行かせようとする保護者も少なくなかった。

山村留学を受け入れる学校では，1校あたり何人かの都会の子どもを受け入れているが，それだけでも統廃合されそうな学校が維持されたり，地域が活気づいたりしている。また都市の子どもも農村の子どもも，相互に交流することでさらに人間的に幅広くなる。このように体験的な活動ができることと併せて多面的に成長している。

(2) 都市の子どもの山村留学生活と成長

農村では地域住民相互の顔が見えるために，学校内だけでなく，地域を含めた人間関係が密接である。都会では学校を離れるとどこの誰かが分からないが，農村では学校の中にいる子どもたちも地域の様々な人たちから見守られている。都市の子どもたちが農山村で暮らして最初に驚

くのは，この密接な人間関係である。このような地域環境の中で，子どもたちも変わっていくが，その教育効果は，以下のようなものがある。
　①密接な人間関係の中で，他人を信用する信頼感の形成
　②都市と農村の価値観の違いなど，異なる文化や価値観を受容できる意識の形成
　③小規模異年齢集団の中で，全体をまとめるリーダシップ力の形成
　④高齢者や地域住民など異世代の人たちとの交流意識の醸成
　⑤学校や地域での出番が多く，主体的・能動的な立場を形成
　⑥密接な人間関係を元にした競争関係を作ることで切磋琢磨の雰囲気
　⑦保護者からの自立意識と保護者への感謝の気持ち
　⑧農漁業と食卓が結びつき，食糧への感謝の気持ち
　⑨農作業等の勤労体験などの社会体験活動と奉仕的姿勢の形成
　⑩地域の生活を誇りに思う地域アイデンティティの形成
　これらは都市部の子どもが農山村に移り住むことで明確に自覚できる内容である。これらの教育効果をまた意識的に子どもたちにも伝えていく必要がある。

（3）　山村留学による農村の子どもの都市住民との交流と成長
　山村留学は，都市の子どもだけでなく，農山村の子どもにも教育的効果がある。農山村には他地域の人たちの出入りが少ないために，農山村の子どもたちは，都市の人間関係や価値観の違いに触れる機会が少ない。そのため交流によって，都市との価値観が異なることを理解するだけでも，都市・農村を相対的に見る視点を身につけ，長期的には農山村の良さを見直していくことになる。
　農村住民が当たり前に感じている自然や農業も，逆に都市の子どもたちから見ると，新鮮な環境であり，都市の子どもと交流することで，農

村の子どもたちも自分たちの地域の良さを感じたりする。自然があるからこそ，農村の子どもは心を暖かくして他人を抱擁できる条件になっていることや，農業も食糧と密接に結びつく重要な産業であることを理解できる。これらは都会の子どもが日常的には体験できないことであるが，都会の子どもたちが農村の体験で新鮮な感動を覚えている。それを見た農山村の子どもたちは，農山村の良さに気づいていないことに気づくことができる。

　農山村の子どもが都市の子どもと接して，悪いところも影響されてしまうのではないかという懸念を抱く人も少なくない。しかし実は，農山村の子どもは，意外と地域の日常的な人間関係の良さを基盤にした上で，都会の子どもの気づきや良さを取り入れている。したがって，農山村の子どもが都市の子どもと交流することは，様々な違いを含めた人間関係を広げていく上で，重要な機会となる。このことは長期的には，農村の子どもたちの社会的発達を促し，地域コミュニティの発展にもつながる。

3．北海道鹿追町の山村留学と都市・農村交流によるコミュニティの活性化

（1）　鹿追町の山村留学の歴史的展開と学校・子ども・地域コミュニティの発展

　山村留学制度を早くから始めて現在も安定的に続いている北海道鹿追町瓜幕地区の山村留学の運営内容を事例として捉えておきたい。鹿追町では，行政・学校・地域・施設が一体となって山村留学制度を運営し，都市と農村の子どもの交流が，子どもの発達だけでなく，地域コミュニティの発展にもつながっている。

　鹿追町瓜幕地区では，瓜幕小・中学校の子どもが減少して，1980年代後半から学校統廃合の問題も生じてきた。このような中で，学校を統廃

合しなくても良いように，地域住民が自ら山村留学の里親となって，1988年から都会の子どもたちの受け入れを進めてきた。さらに鹿追町行政もそれを支援するために，1993年に「鹿追町自然体験留学センター」を設立した。このセンターは小中学生の寮でもあり，専任の寮指導員も配置している。

　山村留学開始以来の留学生はすでに500人を超えており，中には１年間だけの留学でなく，小学校・中学校を瓜幕で過ごしたあと，さらに鹿追高校に進学する子どももいる。またこの山村留学生の中には親子留学の形で保護者と一緒にいる子どもも多く，保護者の数を入れると多くの大人が，鹿追町で暮らすことになる。

　地元の鹿追高校にまで進学した子どもも，2016年度までに43名を超えている。高校もかなり統廃合が進んでおり，町村に一校も高校がない地域も増えている。鹿追町では，小中学生の山村留学生が鹿追高校まで進学する場合も増えており，高校の存続にもつながっている。

　子どもの鹿追町への山村留学を契機にして，親子・家族で鹿追町に移り住む人たちも増えている。これらの移住者は積極的にまちづくりに関わるので，まちづくりの担い手にもなっている。定住することになった家族や卒業生は山村留学生の統計数には入っていないが，これらの定住者は70人ほどになっている。家族・定住者を含めると山村留学を契機にしたまちづくり活動は，地域コミュニティに大きな役割を果たしている。

（２）　山村留学・自然体験留学センターの年間行事と自然体験の教育効果

　鹿追町瓜幕地区では，瓜幕自然体験留学制度推進協議会と鹿追町教育委員会と小中学校が連携して，様々な自然体験活動・地域活動を行っている。これらの多様な活動指導が，山村留学生と地元生の体験活動を伸ばし，社会的な能力を育成している。瓜幕地区の体験活動は，留学セン

表10-1　鹿追町瓜幕地区の山村留学の受け入れ形態別の参加者

	小学生里親	中学生里親	小学生センター	中学生センター	小学生親子留学	中学生親子留学	小学生移住等	中学生移住等	計
S63	0	5	0	0	0	0	0	0	5
H1	0	4	0	0	1	1	0	0	6
H2	1	4	0	0	1	1	0	0	7
H3	1	3	0	0	2	1	0	0	7
H4	2	5	0	0	2	0	0	0	9
H5	4	0	1	6	0	0	0	0	11
H6	5	1	2	8	3	0	0	0	19
H7	3	3	3	7	4	1	1	0	22
H8	4	4	2	7	4	1	1	2	25
H9	7	1	1	8	5	0	0	0	22
H10	4	2	2	5	8	3	0	0	24
H11	3	3	2	8	7	4	0	0	27
H12	1	4	3	5	5	2	2	3	25
H13	1	2	5	3	5	3	2	2	23
H14	0	0	0	3	3	4	2	5	17
H15	1	0	4	4	0	2	5	6	22
H16	1	1	2	8	4	1	3	6	26
H17	2	1	2	8	6	1	1	5	26
H18	1	0	3	7	8	2	1	4	26
H19	2	0	1	5	6	3	2	4	23
H20	0	0	4	6	4	1	5	4	24
H21	0	0	7	3	2	2	0	1	15
H22	0	0	6	3	1	1	0	0	11
H23	0	0	5	1	4	3	0	0	13
H24	0	0	5	1	4	5	0	0	15
H25	0	0	3	5	0	2	0	0	10
H26	1	0	5	5	0	3	0	0	14
H27	0	0	2	8	1	1	0	0	12
H28	0	0	5	3	0	7	0	0	15
計	44	43	75	127	90	55	25	42	501

鹿追町教育委員会資料より転載

> 地域全体の受け入れ歓迎会・スキー体験学習・乗馬体験指導・厩舎体験・競争ばん馬体験・手作り雪祭り・然別湖ナイトクルーズ・遊覧船・然別川ラフティング・白雲山登山・山菜採り体験学習・サマーキャンプ・ファイアーストーム・星座観察会・酪農体験・畑作農業体験・そば打ち体験・手作りソーセージ体験・バイオガスプラント見学・カヌー体験・ジオパーク見学・白蛇姫まつり参加・花フェスタ参加・鹿追そばまつり参加・ナキウサギ観察会・冬の然別湖氷上コタン見学・アイスチャペルづくり・オジロワシ観察・カナダ来訪者との交流・足湯温泉体験・美術館展覧・冬休み作品発表会・留学生ショートホームステイ・花のまちづくり参加・お話キャラバン・神社大祭・ウインターコンサート・肥料配合工場見学・パークゴルフ体験・熱気球バルーン体験・スケート大会・水泳記録会・町マラソン大会・合同運動会・英語独唱大会・文化祭・地域学習成果発表会・複式4校交流会・小中交流授業

　　ラフティング　　　　山菜採り　　　　　山登り　　　　　スキー体験

図10-1　鹿追町瓜幕地区における山村留学の体験活動（順不同）

ター・自然体験留学制度推進協議会・小中学校・教育委員会の行事を含めて，上表のような行事が年間で展開されている。鹿追町瓜幕地区のこれらの行事は各団体が別々に開催しているのではなく，山村留学行事も地域行事も学校行事も一体的に運営しているために，各行事が大きな企画内容を構成し，達成感を高められている。

4. 鹿追町の農村交流事業の導入と総合的な定住促進による地域コミュニティ

（1）　地域の特徴づくりとの連動による都市農村交流促進

　地域全体が受け入れる雰囲気ができてくると，受け入れられた地域住

民も何らかの地域への恩返しとして地域貢献活動をするようになる。鹿追町は，瓜幕地区の山村留学を含めて，様々な交流活動を進めており，地域住民も他地域からの住民を受け入れる雰囲気が高い。

　鹿追町は，第一に，畑作・酪農業を基幹産業としており，農業体験グリーンツーリズムや農業研修活動や地元産直・食材加工などを通じて，都市農村交流を進めている。農業体験は，食育・健康とも深く関連しており，食と農を通じた文化交流は農村と都市を結ぶ重要な交流事業となっている。

　第二に，小中高校を通じて姉妹都市であるカナダ学を進めており，国際的な視野で相互訪問交流を進めている。地元の鹿追高校に入学すれば，1年生の時に全員がカナダに訪問でき，それを目指して英語を勉強する生徒も多く，英語教育の水準も高い。

　第三に，鹿追町では然別湖・大雪山等の豊富な原生的自然を活かして，総合的な学習活動の一環としての「新地球学」を推進している。鹿追町は元々原生的自然が豊富で地域の自然を科学的に探求することで，郷土の自然の誇りと畏敬の念を抱くことができる。鹿追町は2013年に「日本ジオパーク」に指定され，自然科学的な内容を教育活動に活かしている。

　第四に，鹿追町は北海道内随一の瓜幕ライディングパークでの乗馬や，然別湖畔カヌー・十勝発祥のパークゴルフなど，自然と地域を活かした新しいスポーツを楽しめる施設・機会があり，自然に親しむスポーツを行うために鹿追町を訪れる観光客も多い。

　第五に，鹿追町では，神田日勝美術館をはじめ3つの美術館があり，絵画・芸術活動での交流も盛んである。これらの美術館のコンセプトとして，自然と芸術を融合した都市農村文化交流を推進している。

　これらの産業・国際交流・自然・スポーツ・文化などの様々な交流活動は，鹿追町の特色づくりであるとともに，山村留学の体験活動・交流

活動と連動しており，鹿追町に訪問・転入する人を増やす相乗的な効果をもたらしている。

（2） 都市農村交流事業と地域コミュニティの活性化

　鹿追町では山村留学をはじめ様々な交流事業が進んでいるが，都市住民が短期・長期に流入できる居住施設・研修施設や受け入れ体制を整備するまちづくりを進めている。都市部からの流入人口が増えれば，子どもと大人のまちづくり活動にも自信が高まり，いっそうまちづくりを担う地域コミュニティも活性化していく。鹿追町では，内閣府の地方創生拠点整備事業交付金を受けて，山村留学・英語教育等の交流を通じた定住人口を増やすために，転入者住宅施設も整備している。

　定住のための施設整備や運営方法としては，第一に，「鹿追町空き家・空き地バンク」制度である。これは鹿追町が窓口となって，住宅の借り手・貸し手の調整を行うものである。山村留学の親子留学などは，この制度を利用して，借家等を借りられる。第二に，教育委員会が山村留学生の寄宿寮でもある「自然体験留学センター」を有していることである。この留学センターは10名定員で専任指導員も配置されており，里親に負担をかけなくても運営することができる。第三に，教育委員会の社会教育施設として様々な研修等の長期滞在者を受け入れる「ピュアモルトクラブハウス」があり，この施設に滞在しながら長期研修ができるようにしている。第四に，農家の中でのファームステイも整備されており，短期の農村体験学習なども実行できるようにしてある。第五に，山村留学が実施されている瓜幕地区には，道の駅やライディングパークやものづくり体験工房施設も設置しており，多くの観光客等が体験学習等で訪れられるようにしている。第六に，同じく瓜幕地区には「瓜幕活性化施設」として，地域集会施設を設置しており，様々な訪問者や地域住

民との交流活動や会議ができるようにしている。

　これらの施設整備がなされているために，山村留学をはじめとした交流活動がスムーズになり，交流人口と定住人口も増えていく。このように都市部・他市町村からの鹿追町への交流人口と定住人口が増えるように施設整備としても配慮していくことが重要である。交流人口・定住人口が増えると，地域の活動を担う人も増えていき，地域コミュニティも活性化していく。

演習問題

1．過密・過疎問題は，どのような問題があるかを考えてみよう。
2．山村留学で都市と農村の子どもが交流することは，どのような効果があるかを考えてみよう。
3．山村留学を発展させるためには，どのような施策や条件が必要かを考えてみよう。

参考文献

青木孝安『山村留学　生まれ変わる子ども・親・村』（農文協，2016年）
川前あゆみ・玉井康之『山村留学と学校・地域づくり―都市と農村の交流にまなぶ』（高文堂，1998年）
川前あゆみ・玉井康之『山村留学と子ども・学校・地域―自然がもたらす生きる力の育成』（高文堂，2005年）
岡崎友典・玉井康之『コミュニティ教育論』（放送大学教育振興会，2010年）
高階玲治編『幼小中高の連携・一貫教育の展開』（教育開発研究所，2009年）
玉井康之監修・二宮信一・川前あゆみ編著『教育活動に活かそう　へき地小規模校の理念と実践』（教育新聞社，2013年）

11 | 地域福祉と教育〜子どもの貧困と家庭教育への支援を中心に〜

夏秋英房

《目標＆ポイント》 福祉は子どもが人権を保障され，教育を受けて成長・発達するための前提である。とくに本章では，教育を成り立たせる条件として，また学校と住民の教育活動がめざす目標の1つとして地域福祉をとらえて，その意義と実際を考察していく。地域福祉は地域住民が学習しつつ連帯して働く場合に実現するものであって，福祉コミュニティの形成をめざすものである。学校において「福祉のこころ」をもった市民を育成する福祉教育は地域社会と連携して実践され得る。

《キーワード》 発達保障，社会的排除と包摂，地域福祉地域教育プラットフォーム，福祉コミュニティ

1. 福祉と教育の関係

（1） 教育の条件としての福祉

　福祉とは，「公的配慮によって社会の成員が等しく受けることのできる安定した生活環境」と説明される（大辞泉）。また，児童憲章にはその第1項に，「すべての児童は，心身ともに健やかにうまれ，育てられ，その生活を保障される」とある。子どもの人生と家庭生活に対する社会保障は，基本的人権として安定した生活を過ごし，教育を受けるための基本条件であり，それを満たす行政の営為が福祉政策である。一方，福祉の「祉」は幸福の意味で，福祉とは，幸福，特に，社会の構成員に等しくもたらされるべき幸福を指す（大辞林）ことばである。

したがって，福祉とはあらゆる個人の目標であり，また社会によって保障されるべき生活の基本条件なのである。社会的強者（健常者など）が社会的弱者（障がい者など）を援助する営みが大きな意味をもつにしても，決してそれだけに限定されることばではない。

教育と福祉の関係を指す概念に教育福祉（educational welfare）がある。市川昭午は，教育福祉とは，「狭義には教育の社会福祉を指し，広義には教育の経済福祉ないしは総福祉」であると整理している。とくに，教育を「社会福祉 social welfare」（社会事業 social work とも言う）との関連でみる場合（狭義）には，「教育制度に含まれる社会福祉機能と，社会福祉や生活扶助に含まれる教育機能の両面がある」という（『新版現代学校教育大事典』，ぎょうせい，2002年）。教育福祉を教育の視点から見ると，まずは就学助成・学校給食・学校保健・スクールバスなど，教育を成り立たせる前提条件の提供ということになる。

（2） 教育の目的としての福祉

前に述べたように，福祉の原義は幸福である。教育は個人の発達を保障し，幸福の実現を目指すとともに，相互に人格を尊重し人権を保障する福祉社会の構成員を育成する営みである。したがって，福祉は個人にとっても社会にとっても教育の目的の１つとして位置づけられる。また，市川は広義の教育福祉として「教育およびその結果が有する総体的福祉機能」を挙げている。一般に教育が福祉国家において「社会サービス」として公共的に提供されるのは，国民にさまざまな便益や福利をもたらす効用が教育にあると信じられているからである。

教育の目的は憲法に規定された基本的人権を尊重し平和的で民主的な国家を建設することである。また，2006年12月に改正された新しい教育基本法では，「豊かな情操と道徳心を培う」（第２条第１項）ことや「自

他の敬愛と協力を重んずるとともに，公共の精神に基づき，主体的に社会の形成に参画し，その発展に寄与する態度を養うこと」（第2条第3項）が定められている。ここでは福祉という言葉は直接には用いられていないが，教育基本法の文言のなかに，学校が福祉教育を行う根拠が示されていると言えよう。なぜなら福祉教育の目的とは，「歴史的にも，社会的にも疎外されてきた社会福祉問題を素材として学習することであり，それらとの切り結びを通して社会福祉制度，社会福祉活動への関心と理解をすすめ，自らの人間形成を図りつつ，社会福祉サービスを利用している人々を社会から，地域から疎外することなく，ともに手をたずさえて豊かに生きていく力，社会福祉問題を解決する実践力を身につけること」（大橋謙策，1999年『地域福祉』放送大学，p.104）だからである。

　高齢者や障がい者などが安心して住める地域・社会環境をつくり，障がいをもつ人も持たない人もあらゆる世代の人が，またさまざまな国籍の人がともに生きていける社会を創るという考えをノーマライゼーション（normalization）の思想という。この福祉思想にもとづいて，「健常者と障害者，幼児・児童と成人，若者と高齢者等すべての住民が，同じ環境条件の中で生活し，差別なく相互に援助できるような知識・態度を学習する」（菊池幸子，2002年「福祉教育」，『新版現代学校教育大事典』ぎょうせい）ための社会的・制度的・教育的条件を整えることが，行政のみならず市民全体の課題である。

（3）　教育の内容としての福祉

　また，教育基本法では，「国及び地方公共団体は，障害のある者が，その障害の状態に応じ，十分な教育を受けられるよう，教育上必要な支援を講じなければならない」（第4条第2項）と定められ，これに合わ

せて学校教育法が改正されて特別支援学校制度が創設された。そこでは，視覚障害，聴覚障害，知的障害，肢体不自由，病弱・身体虚弱の5つの障害と，それらの重複障害および学習障害（LD），注意欠陥多動性障害（ADHD）等を含んだ特別なニーズを持った子どもたちを対象として特別支援教育を総合的かつ専門的に行うこととなった。

つまり，従来の特殊教育諸学校を特別支援学校として5つの障害をもった児童生徒（約5万6千人）を対象にした教育を行う。また，一般の小中学校等におかれている「特殊学級」を「特別支援学級」に改め，小中学校等において教育上特別の支援を必要とする，5つの障害と言語障害・情緒障害をもった児童生徒（約10万5千人）に対して，障害による学習上又は生活上の困難を克服するための教育を行うとされている。

さらに，通常の学級に在籍しつ，知的以外の4つの障害や，言語障害，自閉症，情緒障害，LD，ADHDをもつ児童生徒（約4万1千人）に対して通級指導を行う。

これらの3つの方式で教育を受ける障がい児（約20万人，全児童生徒の1.86％）に加え，これ以外に学級担任たちが，LD，ADHD，あるいは高機能自閉症等と判断している児童生徒が約68万人（同6.3％程度）いるという。

このように，なんらかの障がいをもった子どもたちは義務教育の対象となる児童生徒の8％以上を占めている。この子どもたちの教育に対して，特別支援学校は学校外に対してもセンター的な機能を果たし，一般の小・中・高等学校に在籍する障がいのある児童生徒等への支援を行う働きを担うものとされている。（文部科学省「特別支援教育に関すること」http://www.mext.go.jp/a_menu/shotou/tokubetu/main.htm, 2007年9月24日）

さらに，新たな教育基本法では，「学校，家庭及び地域住民その他の

関係者は、教育におけるそれぞれの役割と責任を自覚するとともに、相互の連携及び協力に努めるものとする」（第13条）とされ、学校における福祉教育や障がい児を対象とした特別支援教育に、家庭と地域社会が連携し協力することが努力目標として記されている。

つまり、一方では障がい者と健常者が相互に尊重しあい、共生できる福祉社会を実現しようとする公共の精神と、その基礎となる情操と道徳心と社会性を養う福祉教育を学校で行うことと、また他方では、特別支援教育の体制を整備することによって、障がいを持っているとされる8％以上の子どもと保護者の存在に社会がより深い関心をもち、家庭と学校と地域社会が連携しきめ細やかにケアをしながら学習と教育を進めていく体制を作ろうとしている。そのことにより、教育の機会を保障しすべての人が快適に自分らしい生活を維持できる（well-being）生きやすい社会を築く責任を果たすことが目指されているのである。

2．学校教育と福祉活動

（1） 学校における奉仕体験活動の重視

福祉教育の特色は、その教育内容と方法にある。すなわち、（ア）一般的・抽象的にともに生きることを教え、学ぶことではなく、具体的に、歴史的・社会的存在である社会福祉問題や社会福祉サービス利用者の生活実態を素材として学習するという「学習素材論」と、（イ）現に社会福祉サービスを利用している人々と交流し、その人々の自立に必要な援助活動を行うことを通して、自らの人間形成を図るという実践・体験活動を重視した「学習方法論」（前掲、大橋、p.105）である。

また、福祉教育には、幼児教育と義務教育における心の教育・バリアフリー教育やボランティア活動と、高校教育以上で行われる専門的人材養成を目的とする福祉科教育とを区別することができる。ここでは義務

教育段階の福祉教育について考えておきたい。
　具体的には，奉仕体験学習が重視されてきている。1987年の教育課程審議会答申に社会奉仕などの体験活動の重視が記され，1989年に改訂された学習指導要領には，特別活動のなかに「奉仕体験学習」が取り上げられた。また，1998年から教員養成の課程において「介護等の体験」実習が必修とされ，教員免許を取得する者は必ず7日間，所定の学校及び施設において実習することが義務づけられている。
　さらに，1998年の教育課程審議会答申では「ボランティア精神をはぐくむこと」とある。これを受けて，同年に改訂された学習指導要領では，新たに設けられた「総合的な学習の時間」の取り扱いについて，その内容に「国際理解，情報，環境，福祉・健康などの横断的・総合的な課題」を取り上げることが例示され，さらに配慮すべき事項として，「自然体験やボランティア体験などの社会体験」など「体験的な学習，問題解決的な学習を積極的に取り入れる」ことが総則のなかに挙げられている。
　総合的な学習の時間における福祉教育は，道徳と特別活動を地域社会と連携して実施することで領域横断的に「心の教育」として実施されることが多い。

(2) ホリスティックな視点からの福祉教育

　このような福祉教育の充実のためには，開かれた学校教育活動を支える地域システムの構築が必要である一方で，教育に携わる教師・保護者と子ども自身が，福祉教育の意義を再認識する必要がある。
　たとえば，悪しき体験学習とは，「『ただ奉仕体験をさせればよい』という安易な発想をもって活動を行わせることである。生徒自身が（奉仕）体験をすることの意味を自分なりに設定する作業（事前の動機づけ

に関する学習）なしには，その体験活動は学習活動としての意味をなさない。場合によっては生徒本人にとってマイナスになってしまうことすらあり得る」（前掲，東京都生涯学習審議会，2006年，p.19）という問題が指摘される。

　ボランティア活動を体験させれば，思いやりや助け合いの心がはぐくめるわけではない。福祉とは，「煎じ詰めると，『どう生きるか』という自分の指標を，自分で発見し，かつ実践することだから」である（前掲，伊藤，p.12）。「奉仕体験」がこのような自己省察の福祉へとつながる学習方法論は確立される途上にある。

　また，東京都社会福祉協議会福祉教育研究委員会（一番ヶ瀬康子委員長）はすでに1971年に，福祉教育を，「一時的なボランティア活動や職能としての具体的な行為，あるいは実務的技能」の育成ではなく，社会の「矛盾の発見，問題としての把握」を行い，「問題として認識したことに対する原理を貫徹した創造的な行為」であると指摘している。

　それは，「共に生きる」という美しいスローガンの背後で相変わらず障がいをもつ人々の社会生活や自立に障壁を設けている社会のあり方を看破し，しかも自分自身をその一員として省察の対象としながら，社会への洞察と批判と抵抗の精神をもつことで，障がい者と連帯する力を子どもにも教育者にも醸成していくことである。社会的排除と包摂の働きについて自覚的であろうとする必要がある。

　たとえば，ノーマライゼーションという理念は，なんらかのハンディを負った人をノーマル（普通）な状態に近づけ「有能」な人にすることを目指すために個人を教育すると同時に，社会の側に「普通の状態になること」のための諸条件を改善することを目指す。しかし，ノーマル（普通）という考え自体が「中流意識」にもとづいた「平均的生活者」の社会的イメージなのではないか，という懐疑も抱かれる（伊藤隆二，

1993年『福祉のこころと教育』慶應通信)。とくに学校教育は能力主義にたって効率的に人材を育成する近代的な社会的装置であり続けたので,有能さを基準として「差あって別あり」の選別的な見方・考え方を隠れたカリキュラムとしても制度的にも取りやすい。(社会的排除)

このような人々を分断するベクトルをもった教育の在り方に対して,「つながり」「包括性」「バランス」を特徴としたホリスティック教育の思想は,福祉教育を自己と他者,いのちと環境,生活と社会のつながりを見直し,「差あって別なし」という人間尊重の態度を体得し,自己変革を促すものとしてとらえ直す機会となることを志向している。(社会的包摂)

3. 地域福祉と地域教育

(1) 地域福祉と福祉教育

地域福祉とは,「それぞれの地域において人びとが安心して暮らせるよう,地域住民や公私の社会福祉関係者がお互いに協力して地域社会の福祉課題の解決に取り組む考え方」(全国社会福祉協議会)である。

地域福祉という用語は法律の上では,社会福祉法(2000年)に初めて規定された。社会福祉法の目的を定めた第1条では「地域における社会福祉(以下「地域福祉」という。)の推進を図る」とされ,第4条では以下のように定められている。

(地域福祉の推進)

第四条　地域住民,社会福祉を目的とする事業を経営する者及び社会福祉に関する活動を行う者は,相互に協力し,福祉サービスを必要とする地域住民が地域社会を構成する一員として日常生活を営み,社会,経済,文化その他あらゆる分野の活動に参加する機会が与えられるように,地域福祉の推進に努めなければならない。

すなわち，地域住民は地域福祉を実現する筆頭の主体であり，また，福祉サービスのニーズをもつ当事者でもある。そして地域福祉の目的はその当事者が「地域社会を構成する一員として日常生活を営み，社会，経済，文化その他あらゆる分野の活動に参加する機会が与えられるように」することとされている。
　したがって，相互に協力し共に生きる力を備えた，地域福祉の主体となる地域住民を形成する営みを福祉教育ととらえることができるだろう。
　岡村重夫は，福祉教育の根底に福祉の思想を据え，①福祉的人間観（社会的・全体的・主体的・現実的存在）の理解と体得，②現行社会制度の批判的評価，③新しい社会福祉的援助方式の発見をその内容として挙げている。ここでいう新しい社会福祉的援助方式とは，対等平等の個人が，全体的な自己実現の機会が提供される地域共同社会の相互援助体系のことである。
　このような福祉教育の過程は，地域において生涯にわたって総合的統合的に展開することが必要である。原田正樹は福祉教育の実践を「地域化」という視点で整理し，地域を基盤とした福祉教育（地域福祉教育）システムへの移行を提唱している（平野隆之，原田正樹　2010年『地域福祉の展開』放送大学教育振興会，pp.116-118）。
　地域化の意味は，1つは実践場面の地域化であり，学校が地域との交流・連携をとおして福祉教育を実践しており，また，生涯学習の視点からも学習機会が地域において保障されなければならない，ということである。
　地域化のもう1つの意味は，「福祉教育の対象として『地域住民の統合』を図る」という視点である。福祉サービスの提供者も対象者も双方向的な関係を結び，相互に学び合う構造を作ろうというのである。

(2) 地域福祉と福祉コミュニティの形成

　大橋によれば,「地域福祉とは, 自立生活が困難な個人や家族が, 地域において自立生活できるようネットワークをつくり, 必要なサービスを総合的に提供することであり, そのために必要な物理的, 精神的環境醸成を図るため, 社会資源の活用, 社会福祉制度の確立, 福祉教育の展開を総合的に行う活動」である（前掲, 大橋, 33ページ）。そして地域の新しい社会福祉サービスシステムの要件として, ①在宅福祉サービスと提供システムの整備, ②住宅と移送サービスの整備, ③近隣住民の参加による福祉コミュニティの構築, および個別援助に必要な社会的支援体制づくり（ソーシャルサポートネットワークづくり）, ④生活環境の整備の4つを挙げている。

　これらの営みは行政だけではできず, とくに③は地域住民がサービス利用の当事者として, また提供者として社会福祉への関心と理解を深め, 活動への参加をすすめる必要がある。地域社会での自立した生活を支援するためには, 制度的な在宅福祉サービスのみならず, 近隣住民の非制度的でパーソナルな, しかし継続的で責任のあるインフォーマル・ケアが必要である。このような住民の福祉活動をどのように組織化し, 福祉コミュニティを創造するかという方向については諸論があるが, 地域住民が福祉活動を展開するなかでさまざまな生涯学習の過程が展開する。

　地域にはさまざまな個別援助を必要としている人々が居住し, その必要に対応できる地域自立生活支援のシステムづくりという課題と共に, 当事者とサービス提供者である地域住民による地域福祉の主体形成という教育的課題がある。もちろん, 社会福祉ニーズには治療や介護, 看護, リハビリテーションなど行政や施設, 専門職による対応が必要であるが, そのほかの見守り, 精神的な支持, 軽易なサービスの提供, 社会参加の促進, 初期対応や緊急通報, 問題提起, 福祉の町づくりの推進などは公

的な行政や民間市場活動とは異なるレイマン（素人）が対応することで充足できる。そのためには旧来の部落会・町内会型のものと同時に，家族，親族，友人，近隣，ボランティア，非営利団体などが対等で自主的な同志的グループを形成し，横にゆるやかにつながったネットワーク型の組織が重複して存在するようになり，社会連帯を中心としたコミュニティ活動が展開する必要がある（佐藤守編，1996年，『福祉コミュニティの研究』，多賀出版，第1章）。

いずれにしても，地域社会を素材とした実践体験活動による福祉教育を実施しようとすると，学校教育単独ではなく社会教育との連携が不可欠となる。このことを東京都の生涯学習審議会の2回の建議（2006年，2016年）を手がかりに考えてみよう。

(3) 地域教育における学校教育と社会教育の連携と協働

東京都の生涯学習審議会は平成17年以降，地域教育の視点に立って提言を行ってきた。地域教育とは，人々のつながりや共同的な関係づくりを通じて「安心・信頼・支え合いのネットワーク」（図11-1）を一定の地理的な範囲でつくり出していく教育的営みの総体のことである。その根拠となるのは，平成18年の改正で新設された教育基本法第13条である。そこでは

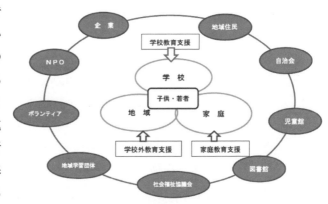

図11-1　地域における「安心・信頼・支え合いのネットワーク」のイメージ

「学校，家庭及び地域住民その他の関係者は，教育におけるそれぞれの役割と責任を自覚するとともに，相互の連携及び協力に努めるものとする」と定められている。この理念を具体化させたものが「地域教育」である。

これを受けて平成20年に社会教育法第3条が改正され，学校・家庭・地域の連携・協働が国及び地方公共団体の任務に位置づけられて，「家庭教育支援」「学校教育支援」「学校外教育支援」が社会教育の役割であることが明確になった。地域教育活動とは，地域のステークホルダー（地域住民，自治会関係者，ボランティア，NPOや企業など）が福祉，防災，環境，介護，子育て等といった地域の生活課題をソーシャル・サポート・ネットワークによって解決することである。ソーシャル・サポート・ネットワークとは，「社会生活を送る上で様々な問題に対して，身近な人間関係における複数の個人や集団の連携による支援体制」のことである（都，平成28年）。

このような動向をさきどりする形で，東京都は「地域教育プラットフォーム構想」（図11-2）を打ち出している（東京都生涯学習審議会，2006年，同 2016年（建議））。地域教育プラットフォームとは，一定の地域（エリア）において学校・家庭・地域が協働し，子どもの育成・教育活動に取り組んでいくための共通の土台を整え，多様な担い手の参加の下に，地域の教育力を再構築していくための仕組みである。

ここでいう「プラットフォーム（platform）」とは，「いろいろな人々が相集い，相互作用によって，予期もしないような活動や価値を次々と生み出していく状態を創り出していくコミュニケーションの基盤となる道具や仕組み」である。地域教育プラットフォームの教育的意義は，「地域の人々や地域社会を構成する主体が様々なプロジェクトを企画，実施することによって生じた相互作用が，子供・若者の内発的動機付け

第11章　地域福祉と教育〜子どもの貧困と家庭教育への支援を中心に〜　　181

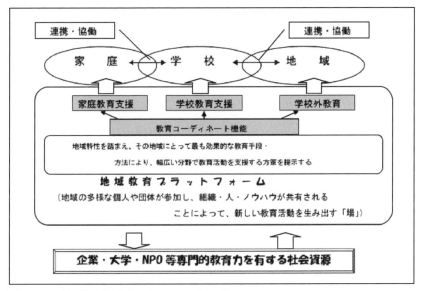

図11-2　地域教育プラットフォーム構想
出所：(梶野光信『教育支援コーディネーターと社会教育主事の連携による教育コミュニティの創造』,日本社会教育学会（2015年）所収)

を高めるなど,学校単独では取り組むことができない新たな教育活動を生み出すこと」(都,2016年)にある。

　この地域教育プラットフォームによって,①地域に蓄積された社会資源の有効活用を図るための情報基盤の整備を行い,②住民のネットワークから得た多様な情報や人材を結集して,地域課題の解決を図る「家庭教育支援」「学校教育支援」「学校外教育支援」のそれぞれのプログラムを開発し,③地域で展開される様々なプロジェクトをつなぐ役割を担う。複合的な事業展開を可能にするなどの機能を持った,地域における『新たな公共』を生み出すための総合的な教育支援体制整備を目指した『中間支援の仕組み』である。

これは，社会生活を円滑に営む上で困難を有する子ども・若者を支援するためのネットワークをつくろうとする内閣府の施策とも重なり合う。平成22年に施行された子ども・若者育成支援推進法に基づき，諸機関が連携して「子ども・若者支援地域協議会」を構成するとともに，困難を有する子ども・若者やその家族を，個々の状況に応じてきめ細やかに支援するために，下記のような施策を実施するという。

（1）　子供・若者の抱える課題の複合性・複雑性を踏まえた重層的な支援の充実
　・子供・若者支援地域協議会の設置促進・活動の充実
　・アウトリーチ（訪問支援）に携わる人材の養成等
（2）　困難な状況ごとの取組
　①ニート，ひきこもり，不登校の子供・若者への支援等
　　・地域若者サポートステーションによる支援の充実等
　②障害等のある子供・若者の支援
　③非行・犯罪に陥った子供・若者の支援等
　④子供の貧困問題への対応
　　・国民運動の取組の展開，充実等
　⑤特に配慮が必要な子供・若者の支援
（3）　子供・若者の被害防止・保護
　①児童虐待防止対策
　　・児童虐待の発生予防及び発生時の迅速・的確な対応等
　②子供・若者の福祉を害する犯罪対策
　（内閣府「子供・若者育成支援推進大綱（概要）」平成28年2月より）

　また，子どもの貧困問題については，平成25年に「子どもの貧困対策

の推進に関する法律」が制定され翌年施行された。これにより，とくに経済的に厳しい状況に置かれたひとり親家庭や多子世帯の自立のために，①支援が必要な者に行政のサービスを十分に行き届ける，②複数の困難な事情を抱えている者が多いため1人ひとりに寄り添った伴走型の支援を行う，③ひとりで過ごす時間が多い子供たちに対して，学習支援も含めた温かい支援を行う，④安定した就労を実現することが重要であり，就業による自立に向けた支援を基本に，子育て・生活支援，学習支援，住宅支援，経済的支援の総合的な支援を実施するという。（内閣府「平成29年版　子供・若者白書」）

　このような仕組みの実効性を決する急所は，教育コーディネート機能を担う教育コーディネーターである。それは，人材や地域の社会資源「組織・人・ノウハウ」を共有し，ネットワークを構築し，新しい教育活動が生み出される「場」を設定し，「場」を活性化させ，多くの困難を超えてやり抜こうとする意志をもった人物が働くことである。

　たとえばプラットフォーム作りを意識した学校外教育支援の例としては，子どもの自由な遊びを保障する冒険遊び場（プレーパーク）の活動から，子どもの生活課題に気づき，地域住民や学生が学習会を開き，さらには困難な生活課題に直面する子どもと保護者のために学習教室や子ども食堂を開設し，そこに集う子どもと大人が相互に結び合い活動に参加することによって自分の居場所を見いだすといった展開をしているNPO法人の事例がある。地域ぐるみで子どもを見守りながら，子どもと大人の困りごとを具体的に解決していく取り組みである。

　このようなプラットフォームを，小・中学校区，市区町村，都道府県のそれぞれのレベルで設けて，子どもの貧困対策や放課後子供教室事業，不登校・中途退学者対策，など福祉と教育にまたがる複合的な課題に応えていく体制を柔軟に作り挙げていくことができよう。

【放送教材の概要】
　地域福祉と福祉教育の関係について考察する。とくに近年，福祉課題が複雑化・多様化するなかで，それに対応するには，地域社会の対応には地域住民の主体的な学習と活動が不可欠である。また，社会的排除と社会的包摂について考える。さらに，子どもの貧困問題とともに，増加する外国人住民が直面する福祉課題は，少数派の問題であるだけに見えにくくなっている。そのような視点から，当事者である外国人女性による自助グループの活動や，学習支援の活動を紹介する。

演習問題

1. 地域福祉と福祉教育の関係について，整理してまとめてみよう。
2. 地域の福祉課題に対応した，地域住民による活動にはどのようなものがあるのか。列挙してみると共に，それらを結び合わせる仕組みについて，身近な自治体を例にしてまとめてみよう。
3. 社会的排除と社会的包摂について，放送教材とあわせて学んでみよう。

参考文献

阿部彩『子どもの貧困〜日本の不公平を考える』（岩波新書，2008年）
阿部彩『子どもの貧困Ⅱ--解決策を考える』（岩波新書，2014年）
井上英晴『改訂　福祉コミュニティ論』（小林出版，2004年）
岩田正美『社会的排除〜参加の欠除・不確かな帰属』（有斐閣，2008年）
日本社会教育学会論『地域を支える人々の学習支援』（東洋館，2015年）
大橋謙策『地域福祉』（放送大学教育振興会，1999年）
阪野貢監修『福祉教育のすすめ〜理論・歴史・実践』（ミネルヴァ書房，2006年）

安立清史『福祉 NPO の社会学』（東京大学出版会，2008年）
上野千鶴子『ケアの社会学〜当事者主権の福祉社会へ』（太田出版，2011年）
平野隆之・原田正樹『改訂版　地域福祉の展開』（放送大学教育振興会，2014年）
佐藤守編『福祉コミュニティの研究』（多賀出版，1996年）
志水宏吉『「つながり格差」が学力格差を生む』（亜紀書房，2014年）
東京都生涯学習審議会「東京都におけるこれからの地域教育の具体的方策について（建議）2006年」，同「今後の教育環境の変化に対応した地域教育の推進方策について（建議）2016年」
NPO 法人豊島子ども WAKUWAKU ネットワーク編『子ども食堂をつくろう！〜人がつながる地域の居場所づくり』（明石書店，2016年）
全国社会福祉協議会『社会的包摂にむけた福祉教育〜福祉教育プログラム７つの実践〜』（平成29年）

12 | 地域文化の継承と創造〜地域の芸能や文化活動を中心に〜

夏秋英房

《目標＆ポイント》 教育基本法第2条は「伝統と文化を尊重」すると定め，平成29年改訂の学習指導要領も「伝統や文化に関する教育の充実」を改訂のポイントに掲げている。また，健康で文化的な生活を営むことは基本的人権の1つであり，社会的に保障されるべきものである。しかし地域文化は多様であり，また，単に伝承するだけではなく，創造し，改変するものである。地域生活のなかから生み出され継承されてきた生活文化の価値を見直し，継承し，新たな文化を創造する文化学習活動が地域住民の自主的な活動として行政や経済活動と連携しながら展開されることにより，新たな地域社会の創造に寄与する過程を考察する。その範囲は伝統文化や，本質的に遊びの要素を持つアート，スポーツ，観光などの分野におよぶ。前半は祭礼行事や郷土芸能などの地域文化の継承と教育の関係について，具体的な事例に即して考察する。後半はスポーツによるまちづくりについて考える。

《キーワード》 地域文化，地域スポーツ，地域社会の活性化，文化学習活動

1. 地域文化の継承について考える

（1） 地域文化とは

　地域文化とはなんだろうか。生活を取り巻くさまざまな文化のうち，どのような文化が「地域文化」なのかという定義の問題は複雑な様相をもっている。また文化は，伝承されるだけではなく，たえず発見され創造されるものである。ここでは，地域住民によって伝承され，創造され，改変される文化を地域文化と考え，そのような営みを文化活動と呼んでおきたい。

それでは，地域社会における地域文化（local culture）とはどのような文化をさすのだろうか。
　有末賢によると，地域文化（local culture）とは「気候・風土・地形・方言など一定の地域半域内において共通して見られる文化であり，中核となっているのは，民俗文化（folk culture）と呼ばれる伝統文化で」（地域社会学会編『新編　キーワード地域社会学』2011年，p.270）あるという。
　そもそも「伝統」とはどのような意味なのだろうか。社会学の視点から伝統とは，「ある集団が歴史的に形成し，その構成員によって共有されている思考様式・行動様式の総体。とりわけ精神的領域にかかわるもので，かつ他集団に比べ，より優れていると信じられているもの」（社会学小辞典（新訂増補版）有斐閣，2005年）とされる。
　また，教育学のなかで伝統とは，「歴史的・社会的存在としての人間を意識的・無意識的に支える行動規範。ある社会に受け継がれ，生きつづけ，生活している人々に何らかの仕方で生きがいを与えている何ものか」（源了圓「伝統」新教育学大辞典，第一法規，1990年）とある。
　注目したいのは，この伝統が「人間を支え」「なんらかの仕方で人々に生きがいを与えている」という点である。伝統はその地域で生活している人だけではなく，その地域から離れて暮らしている人にとっても支えとなり，生きがいとなる。
　このように伝統とは，ある社会に，①長時間にわたり受け継がれてきた行動の規範や様式であり，②「変わらないもの」と見なされることで今を生きる人間や社会を支える価値的な基盤＝誇りとなるのである。
　このとき，個々の地域住民が語り暮らす生活文化こそが伝統文化だ，という立場をとれば，その人の社会的立場の変遷やその背景にある家族の変容過程とその人が暮らしてきた集落やさまざまな共同体との協同や

葛藤の歴史も視野に入れることになろう。あるいは民族や宗教，職業などを基盤とした集団に受け継がれてきた文化を伝統と呼ぶこともあろう。

「どの集団も，その土地固有の自然環境での生存に適合した知識や技術の体系を開発蓄積し，伝習し続けた。この固有性あるいは独自性を文化システムの個性とあえて表現するならば，地域という概念は，この意味での個性とそれを育んだ特定の自然環境が結びついた文化現象として把握される」（吉村伸夫「文化現象としての地域」柳原ほか編，2011年，p.52）。

この文化現象としての地域は，他の地域との対比において，その地域の内で共有された表象としての自己像であり，ローカリティ（その土地の固有性やその土地らしさ）として意識され，内面的文化としては地域住民の道徳的価値の根拠となり，また，他の住民との情緒的結合の共有によってコミュニティ感覚を生み出すことになる。

（2） 私的伝統と公的伝統

しかし，高度経済成長のもとで都市的生活様式が普及してそれぞれの農村に固有な民俗文化は衰退し，地域と文化との結びつきが弱まった。また，都市の民俗文化は大衆文化の影響により画一化，均一化して流行現象の影響の下にある。マス・メディアを介して伝えられる下位文化に民俗文化と置き換わる場合もあれば，それと融合して新たな文化を創造していく場合もある。

1990年代以降，地域社会が経済的・文化的・社会的に国際社会との関連を強め，外国籍住民の移入と婚姻，あるいは定住が進み，身近な生活のレベルでグローバリゼーションが展開してきた。民族的・宗教的な社会的少数者（マイノリティ）との相互関係のなかで，地域の生活文化は変容してきたのである。

したがって，地域社会の変容過程は文化的変容の過程と密接に複雑に関連している。地域の「伝統」を反省的に問うとき，地域社会の歴史をどのように意味づけ，一貫した筋を持った物語（史観や主義）として個々の住民にどのように意識され共有されている，あるいはされていないのかということが，地域の文化の意味づけと「伝統」としての価値付けとに密接な関連をもつ。誰がどのように歴史と伝統を公的に定め，どのように継承するかという過程は，地域固有の利害や心情の相違を反映して，自ずから政治性を帯びる。いわば，私的伝統と公的伝統の対立が起こる契機となる。

2．学校教育と地域の伝統・文化

（1）　地域社会と連携した体験活動によるカリキュラム

　2006（平成18）年の教育基本法第2条では教育の目標を掲げているがその5項目として「伝統と文化を尊重し，それらをはぐくんできた我が国と郷土を愛するとともに，他国を尊重し，国際社会の平和と発展に寄与する態度を養うこと」と規定されている。この条項は平成29年度の学習指導要領に反映しているこれは，学校教育のカリキュラムや文化教育行政のなかで，伝統と文化をどのように扱うか，という問題につながる。学校教育は基本的に地域間の差異に左右されずに国家レベルで平準化された国民を育成しようとする性質をもつ。それでは具体的に各学校はどのような文化を「正統」な伝統としてカリキュラムに編成するのだろうか。

（2）　地域の伝統・文化と学校教育での教材開発

　それでは実際に，地域で伝承されている文化を学校において教師が教育課程に教材として組み込んで行くためには，どのような過程を経るの

であろうか。

　ひとつの例として前回の平成20年の学習指導要領改訂の改訂にあわせて，地域の伝統・文化を題材とした教材開発のプログラムが，また各地の大学の教職課程部や都道府県の教育委員会等において開発・提案された。文部科学省が道徳教育に関わる委託事業として設定した教材の内容（テーマ）は下記のとおりである。1．伝統的建造物，美術品，工芸品等に関するもの。2．芸術（演劇，音楽，文学，茶道，華道等），工芸技術等に関するもの。3．風俗慣習，民話・伝説，民俗芸能・芸術等に関するもの。4．遺跡，史跡，名勝地，文化的景観等に関するもの。5．その他，である。

　一例として信州大学の「地域に根ざした教育課程編成研修カリキュラム開発」報告書（平成21年）から紹介してみたい。これは書名からわかるとおり，教員のカリキュラム開発のための研修プログラムを開発する事業の報告書である。

　児童生徒の地域生活や地域社会の実態に合わせて教育実践を展開することや，授業において「地域の教材化」の重要性が唱えられていても，実際には地域社会の実態を授業に活かし，「地域に根ざした」授業展開を行うことは難しい。

　地域社会を教材化して授業を組み立てるためには，まず「地域の実態把握」を的確に行い，地域の自然や社会の諸要素にかかわる情報から地域素材を選択し「地域素材の教材化」をはかり，さらに「地域に根ざした授業実践と授業技術」によって指導計画を作成し授業を実施してその成果を評価し指導計画や授業の方法を改善していく，といった過程をたどる。しかし地域社会の実態把握や分析自体がむずかしく，また不確定な要因が多いので，同じ行事や事象であっても時と場合によって全く異なる様相を見せることがある。教師が地域を教育資源として素材を抽

出・精選して学校内で教材化するのならともかく，地域を学習環境として児童生徒が実際に地域に出かけていったり地域体験をもとに問題解決学習を行うとなれば，児童生徒の体験の内容や質，問いの深まりや広がりを予想し，また実態を把握しなければならない。教師の事前の準備と児童生徒の理解力，問題解決能力や指導の力量には相当高度なものが求められる。また，一定の年限で学校を異動する教師にとって，子どもが生活する地域社会の実態や伝承文化について熟知することは単独では難しい。さまざまな資料とともに，同僚との情報交換や助言，地域住民からの聞き取りなど学校内外のネットワークが頼りとなる。

　したがって，地域に根ざした教育課程を開発し事業実践を改善することができる教師の力量形成は，センターでの講習と自校に戻って同僚とともに授業実践と校内研修に日常的に取り組み，再びセンターに持ち寄って相互に発表し合うといった，自己研修の往還的な流れを創造することではじめて可能となる。

　この報告書では，「地域の実態把握」「地域素材の教材化」「地域に根ざした授業実践と授業技術」にかかわる研修内容を，「教育の方法やスキルの習得」「問題解決能力の向上」「発想力・想像力の向上」「行動や態度の変容の自覚」といった観点で配列し，各研修を自校に持ち帰って同僚とともに自己研修を重ねた結果を二ヶ月ごとに報告・検討したものを集約している。

　また別の例としては，全日本郷土芸能協会がまとめた『民俗芸能で広がる子どもの世界』（平成15年）という冊子がある。人口の移動や少子高齢化が進展する地域社会の中で，民俗芸能（郷土芸能）は後継者の不足から危機的な状況にある。学校教育のなかで地域の文化と伝統が重視されることは重要な意味を持つ。したがって，民俗芸能の意義，学校教育に体験活動として取り入れた場合の効果，教育課程上の位置づけ，実

践活動事例の紹介などを示すことで，地域の民俗芸能を学校教育に導入する手引きとしよう，というのである。さまざまな視点から多様な事例が取り上げられている。

　このなかで，民俗芸能が内包するさまざまな要素が教育的にどのような作用をもつかについて，①芸能そのものが持つ特性と教育的価値，②社会的文化的なつながりと伝統文化の理解，③芸能を生み出した感性への覚醒と伸長，④表現者としての成長，⑤学びの主体性と協同性，⑥文化創造の主体者としての意識と成長，⑦自分につながる文化，自分から広がる文化，といった視点を挙げている。（図12-1）

　放送教材12回のなかで，愛知県豊田市の小原歌舞伎を子どもたちが継承する様子を紹介している。民衆の総合芸術ともいえる地芝居（農村歌舞伎）を受け継ぐ中で，子供たちが意識・無意識のうちにどのような学びと成長を遂げているのかを，この視点を参考に，身近な事例もあわせて考察してみよう。

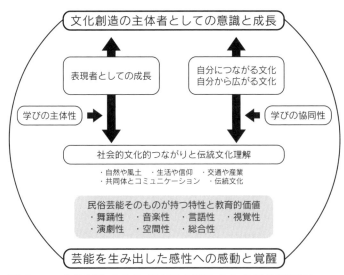

図12-1　文化創造の主体者意識の芽生えと成長の関連図
（伊野義博「民俗芸能からなにを学び，なにを身に付けるのか」，全日本郷土芸能協会編『民俗芸能で広がる子どもの世界』平成15年，p.71）

3. 地域文化と文化活動

(1) 地域文化にみられる多様性と正統性

　第1節で述べたように，生活を取り巻くさまざまな文化のうち，どのような文化が「地域文化」なのかという定義の問題は複雑な様相をもっている。また文化は，伝承されるだけではなく，たえず発見され創造されるものである。ここでは，地域住民によって伝承され，創造され，改変される文化を地域文化と考え，そのような営みを文化活動と呼んでおきたい。

　さて，文化には「正統」なものと社会の上位層に認められた上位文化としての文化・芸術がある。たとえば，学校の教育課程として児童生徒に伝達されるべき事項に組み込まれる知識や技能，副読本に収められた郷土の生活文化や特別活動で練習される芸能などは，次世代に引き継がれるべき正統性を与えられている文化とみなすことができよう。

　あるいは，市町村の広報誌に掲載された講座，催しの内容も，文学から情報機器活用，スポーツ・健康，育児教室までさまざまあるが，これらも社会教育として公認された文化活動と考えることもできる。

　それに対して，街頭での自作歌唱やコミックマーケットで売買される絵画やアニメ，携帯電話やス

図12-2　水木しげるロード（鳥取県境港市，撮影者　夏秋）

マートフォンに発信され蓄積される携帯小説やゲームや音楽，外国籍住民がもたらすエスニック文化など，消費的で享楽的，大衆的で猥雑でさえある下位文化（サブ・カルチャー）は，それを享受する集団や世代によって，実に多種多様である。サブ・カルチャーとしての地域文化は，高度情報消費社会や国際化という全体社会の変化を反映していると同時に，地域間・地域内においても多様な相を持っている。

いずれにしても，サブ・カルチャーは地域住民の生活に具体的な形で浸透し活力を与えるものであって，メジャーな上位文化に親和的な場合もあれば，それに対して対抗的で日常の規範や「当たり前」の常識，さらには地域の権力・権威の構造を覆そうとするので「不健全」なものと見なされる場合もある。

また住民が生み出したサブカルチャーが広く大衆の支持をうけ経済的な資源とみなされれば，観光客を吸引する企画・演出が商工会や行政の観光企画課などにより工夫される。たとえば，商店街は「〇〇ロード」と名づけられ，町のシンボルとしてキャラクター化され関連グッズを生産販売するといった形で上位文化へと変質することもある。

(2) 地域社会を活性化する資源としての地域文化

地域住民による文化活動が地域生活を豊かにするとともに，地域社会を活性化し，さらには変革していく場合がある。たとえば過疎地域において村おこしの資源となる地域文化や文化的シンボルを再発見することは，地域づくりの原動力であると言えよう。

活性化が現れる具体的な領域としては，（1）地域経済を活性化させる，（2）観光資源として活用する，（3）教育や福祉などの分野でも大きな効果を持つ，の3点が挙げられる。とくに地域経済の活性化について，文化芸術活動は，文化施設の利用や文化財の保存と活用による消費

の拡大，観光等による交流人口の増大，余暇関連産業や映像情報産業など付加価値の高い財やサービスの提供等によって雇用を創出するなど経済波及効果をもたらすことが期待されている。

　このような動向は，平成4年の「地域伝統芸能等を活用した行事の実施による観光及び特定地域商工業の振興に関する法律」(いわゆる「お祭り法案」)によって政策的に促され,「地域伝統芸能」という言葉と共に施策が組まれるようになった。

　さて，地域文化を生活との関わりに視点をおいて考えてみよう。図12-3は，美学の立場から利光功が整理・構成したものである。私たちの生活には，衣食住という生活課題に関わる領域と，余暇という労働の残余の部分，つまり遊びによって成りたつ領域とがある。この2つの領域における様式と内容を，生活文化と余暇文化と呼び，この2つの文化の中間に，芸術文化が位置づけられる。人間の精神的活動と快（ここちよさ）を追求する技術の極みとしての芸術を中心において，通俗的なポピュラーアートや，民俗的なアートは，その上下に配置される。

　このように，地域文化は生活の営みから生まれる面と，余暇活動，すなわち遊びのなかから生み出される面とがあり，表現が洗練され技術的に極められ精神的に深められていくと，芸術＝アートになると考えることができる。これらの地域文化を教育的視点から人間形成作用があるものと意味づければ，教育文化として考えることができよう。

　したがって，余暇文化は本質的に遊びの要素を持つ。遊びは本来，自己目的的な営みであって，なんらかの成果や効果をねらって行われるものではない。文化活動も住民一人ひとりの主体的な活動による生活の質の向上や自己実現が最優先の価値となる。したがって地域活性化をねらった文化活動といえば，原理的には主客転倒のそしりを免れないだろう。

しかし同時に、「遊び」の吸引力が人々を引き寄せその「場」を活性化させることも事実である。また、個人が充実した文化活動を行うためには地域の文化活動を支援し、

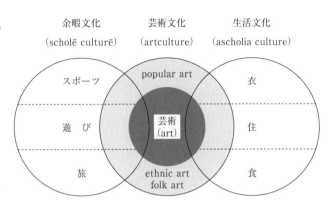

図12-3　余暇文化・芸術文化・生活文化の関係
(利光功『美と芸術のフェイズ』2003年、p.145より作成)

環境条件を整え組織する制度と施策が必要である。また、企業等の民間団体が文化芸術活動を支援するメセナ活動が地域文化の育成に貢献している。「住民、文化芸術団体、企業等が文化芸術活動の主体となり、行政と対等な関係においてパートナーシップ（協力関係）を結び、相互に連携・協力することにより、新しい発想で地域の特性を掘り起こし、それぞれの地域が互いに個性を競い合う中で発展していこうとする傾向が生まれている」（文部科学省文化審議会、2005（平成17）年）のである。

（3）　地域スポーツの再編成による地域文化の形成

　次に、余暇文化の１つであるスポーツと地域社会の関わりについて考えていこう。生涯学習社会への移行という臨時教育審議会の答申を受けて、1989（平成元）年の保健体育審議会答申からは「生涯スポーツ」の理念が政策に導入された。生涯スポーツとは、身体活動ないしスポーツ活動を生涯の各時期にわたっての生活の一要素として位置づけ、より健康的で、豊かな生活を築くために行われるスポーツ活動であり、そのた

めに多様な学習機会とスポーツ環境を整備するのが行政と社会の役割となる。また，スポーツ産業の広がりに伴う雇用創出などの経済的効果や健康増進による医療費の削減といった社会的な波及効果が期待される。このような流れを集約したのが，2000（平成12）年の保健体育審議会答申であり，これを基にスポーツ振興基本計画が策定された。

　その総論では，スポーツの個人的意義を，個々人が心身の健康を増進することとし，スポーツの社会的意義を，青少年の健全育成機能，地域における連帯感醸成の機能，スポーツ産業振興による経済効果，世界共通のスポーツ文化を通じての国際交流機能にまとめている。

　ここではとくに，「スポーツを通じて住民相互の新たな連携を促進し，住民が達成感や地域に誇りと愛着を感じることにより，地域の一体感や活力を醸成し，地域社会の再生にもつながるなど，地域における連帯感の醸成に資する」という社会的側面に注目していこう。

　スポーツを核とした地域活性化効果について1995（平成7）年の国土庁の調査では表12-1のように整理している。社会的効果としては，地域コミュニティ形成効果，地域アイデンティティ形成効果，他地域との交流促進効果，人材育成効果と都市環境などの整備効果が挙げられている。このうち，地域アイデンティティの形成や地域コミュニティの形成の効果については，イベント参加者のみならず，地域住民全体が対象となるとともに，イベント開催後の持続的な効果をどのようにとらえることができるかなど，参加者と住民の意識が対象となるので，その把握にはアンケート調査のほか，丁寧なフィールド・ワークを行う必要がある。社会的なものは「人間関係の諸関係」という漠然とした概念に頼らざるを得ないのからである（木田悟・岩住希能「世代を超える社会的効果の意味」，堀繁ほか編，2007年）。

表12-1　スポーツ核とした地域活性化効果の分類

社会的効果	地域コミュニティ形成効果	地域住民の連携，住民・企業・行政の連携，住民側の連帯感の高揚，地域住民組織の形成などの効果がある。
	地域アイデンティティ形成効果	住民の地域に対する帰属意識の高揚（おらが村意識），スポーツの地域におけるシンボル化，情報発信による知名度・イメージの高まりなどの効果がある。
	他地域との交流促進効果	国内の他地域や海外との交流が促進される効果がある。
	人材育成効果	スポーツ競技者，スポーツ指導者，ボランティア，地域活動のリーダーなどの人材育成効果がある。
経済的効果	施設・基盤・都市環境などの整備効果	スポーツ施設および周辺の公園，施設までのアクセス道路・交通機関，町並みの景観などの整備効果がある。さらに，これらによる経済的効果がある。
	経済・産業振興効果	スポーツをシンボル化したキャラクターグッズや観光土産品の製造・販売，来訪者の増加による既存観光産業を振興する効果もある。また，そのスポーツの普及により，スポーツ用品などの製造・販売促進につながる。さらに，イベントなどの入場料収入や飲食などの直接的な経済効果や雇用促進効果もみられる。

出典：国土庁・(財) 日本システム開発研究所「スポーツを核とした地域活性化に関する調査——スポーツフロンティアシティ21」，1995年。

（4）　総合型地域スポーツクラブによる地域文化の創出

　生涯スポーツの実現のためには，住民の日常生活により根ざした形でスポーツ文化を定着させることが課題となる。2000（平成12）年の保健体育審議会答申では，1）国民の誰もが，それぞれの体力や年齢，技術，興味・目的に応じて，いつでも，どこでも，いつまでもスポーツに親しむことができる生涯スポーツ社会を実現する。2）その目標として，できるかぎり早期に，成人の週1回以上のスポーツ実施率を50パーセントにする，という政策目標が掲げられた。

生活にスポーツをする習慣が定着するためには，多世代，多様な技術・技能レベル，多様な興味・目的の者が参加できる総合型地域スポーツクラブを各市町村に，都道府県に広域スポーツセンターを育成することが構想された。
　「総合型地域スポーツクラブ」とは，地域住民が主体的に運営するスポーツクラブの形態である。具体的には，「身近な生活圏である中学校区程度の地域において，学校体育施設や公共スポーツ施設を拠点としながら，地域の実情に応じて民間スポーツ施設も活用した，地域住民の誰もが参加できる」もので，「特に学校体育施設は地域の最も身近なスポーツ施設であり，住民のスポーツ活動における期待は大きい」としている。
　総合型地域スポーツクラブの特徴として，以下の5点が挙げられている。ア）複数の種目が用意されている。イ）子どもから高齢者まで，初心者からトップレベルの競技者まで，地域の誰もが年齢，興味・関心，技術・技能レベルなどに応じて，いつまでも活動できる。ウ）活動の拠点となるスポーツ施設及びクラブハウスがあり，定期的・継続的なスポーツ活動を行うことができる。エ）質の高い指導者の下，個々のスポーツニーズに応じたスポーツ指導が行われる。オ）以上のようなことについて，地域住民が主体的に運営する。
　放送教材で取り上げる，愛知県半田市成岩(ならわ)中学校区の総合型地域スポーツクラブ事業ソシオ成岩は，第2章で挙げたエリア型コミュニティとして地域組織と強い社会的紐帯をもった地域に，会員制のアソシエーションとしての性質をもつテーマ型コミュニティである総合型地域スポーツクラブが，教育機能の占有空間である中学校と施設を共同使用している，という事例である。2つのコミュニティと学校の運動部活動との関係調整には相当のマネジメント能力が要請される。

そしてソシオ成岩は，活動内容をスポーツに限定せず，さまざまな文化学習プログラムを会員も参画して開発することによって，多元的な住民の主体的な学びを中核として，地域文化創造への参加を可能にすることで，多元参加型コミュニティの形成を模索しているといえよう。榊原が示す「コミュニティ・スクールスポーツクラブ」のようなビジョンの共有が求められるのである。

【放送教材の概要】
　放送教材で取り上げた小原歌舞伎は，芸術文化のなかでもポピュラー・アートに相当するものだが（図12-3），総合芸術という言葉のとおり，感覚の洗練や高度な技術が傾注された表現活動である。また，愛知県半田市のソシオ成岩スポーツクラブの事業は，余暇文化であるスポーツ文化の継承を核としながら，生活課題に関わる健康増進や子育て支援，さらに子どものライフスキルの形成という機能を実現することにより，教育的な地域文化を創造しているのである。

演習問題

　放送教材では，愛知県豊田市の小原歌舞伎を子供たちが継承する様子を紹介している。民衆の総合芸術ともいえる地芝居（農村歌舞伎）を受け継ぐ中で，子供たちが意識・無意識のうちにどのような学びと成長を遂げているのかを，図12-1を参考に，身近な事例もあわせて考察してみよう。

参考文献

地域社会学会編『新版キーワード地域社会学』(ハーベスト社、2011年)
伊藤純郎『増補郷土教育運動の研究』(思文閣出版、2008年)
岩崎正弥・高野孝子『場の教育』(農文協、2010年)
嶺井明子編『世界のシティズンシップ教育』(東信堂、2007年)
森岡清志編『地域の社会学』(有斐閣アルマ、2008年)
信州大学「地域に根ざした教育課程編成研修カリキュラム開発」報告書、平成21年 (http://kyoushoku.shinshu-u.ac.jp/kyoushoku/study/21/shortreport.pdf)。
柳原邦光ほか編『地域学入門』(ミネルヴァ書房、2011年)
堀繁ほか編『スポーツで地域をつくる』(東京大学出版会、2007年)
伊藤裕夫・中川幾郎・山崎稔惠編『アーツ・マネジメント概論(三訂版)』(水曜社、2009年)
松橋崇史・金子郁容・村林裕『スポーツの力〜地域をかえるソーシャルイノベーションの実践』(慶應義塾大学出版会、2016年)
丸山富雄編『スポーツ社会学ノート〜現代スポーツ論』(中央法規、2000年)
文部科学省「総合型地域スポーツクラブ育成マニュアル」(http://www.mext.go.jp/a_menu/sports/club/main3_a7.htm)
榊原孝彦「市民が支える総合型地域スポーツクラブモデル―ソシオ成岩スポーツクラブの方法―」早稲田大学大学院 2006年度リサーチペーパー
榊原孝彦・塩川達大「『コミュニティ・スクールスポーツクラブ』へ〜学校教育の充実方策である総合型地域スポーツクラブ〜」『体育の科学』vol.67、No.1(2017年)pp.33-37
清水裕之ほか『新訂アーツ・マネジメント』(放送大学教育振興会、2006年)
取手アートプロジェクト実行委員会『取手アートプロジェクト記録集』(毎年発行)
利光功『美と芸術のフェイズ』(勁草書房、2003年)
山口泰雄『生涯スポーツとイベントの社会学』(創文企画、2000年)
安田徳子『地方芝居・地芝居研究〜名古屋とその周辺』(おうふう、平成21年)
全日本郷土芸能協会編『民俗芸能で広がる子どもの世界〜学校における体験活動の学習素材として取り入れるために』(平成15年)

13 | 多文化共生と地域コミュニティの国際化

夏秋英房

《目標＆ポイント》 国際化は明治の開国以来，近代日本の重要な政策課題であった。学校教育は文明開化の社会的装置として，欧米の文明を日本社会へもたらすパイプとして働き，富国強兵・殖産興業を実現する人材の育成を担った。それでは，現代の国際化の特徴はどのようなものだろうか。また，国際社会の一員として，日本社会は教育をとおして多文化共生社会を実現していくことができるのだろうか。本章では，これを地域社会での教育実践事例を通して考察する。
《キーワード》 内なる国際化，国際理解教育，多文化共生

1. 変容する国際化の現状と教育課題

（1） 国際化と多文化共生

　ここでは，国際化を，人，物，資本，情報の4つの要素が，国と国との間で交流することと定義したい。地域社会の生活を成りたたせるための資源として，人，物，資本，情報の4つが基本的に重要であり，その人々の共同の生活が国家の基本になる。そして国民生活が国際社会と結びついて，人が，物が，資本が，情報が相互に交流している状態を国際化といった概念でとらえる。

　つまり，日本の国際化といった場合，国際社会の中で，日本の人，物，資本，情報がどのような形で存在するか，というよりもどのような依存関係にあるか，といった程度をあらわしている。しかし，そのような依

存関係は，経済的な社会状況によってだけもたらされるだけではない。難民や強制移住，領土の併合など軍事的・政治的に強制される国際化もある。また，グローバル化した社会においては「国」を枠組みとして考えるよりも，民族や文化を単位として，異質なものどうしが共生しあう方策を探らねばならない，という現代世界に共通する大きな課題に直面することになる。

"think globally, act locally"（世界的視野で考え，地域で行動しよう）と言われるが，大きな視野での国際化，グローバル化が人々の地域生活のなかでどのように結びつき，課題として現れてきているの，その課題に対してどのような学びと解決への模索がなされているのか，という問いが立つ。つまり，個人個人の生活を成り立たせるために日本という社会が，国際的関係をもって成立していること，しかも世界の出来事が私たちの生活と無縁でないどころか重要な関係をはらんでいること，これを国際化，国際社会と呼ぶのである。

本章において，地域における多文化共生とは，総務省「多文化共生の推進に関する研究会報告書」(2006年，2007年) に倣って，「国籍や民族などの異なる人々が，互いの文化的ちがいを認め合い，対等な関係を築こうとしながら，地域社会の構成員として共に生きていくこと」としよう。

地域における多文化共生の推進の方策は，同報告書にあるように，基本的に，1）コミュニケーション支援，2）生活支援，3）多文化共生の地域づくりの3つの視点で整理することができよう。多文化共生推進プログラムのなかで示された課題を箇条書きにすると，以下のとおりである。

(1) コミュニケーション支援
　　①地域における情報の多言語化　②日本語および日本社会に関す

る学習支援
(2)　生活支援
　　　①居住　②教育　③労働環境　④医療・保健・福祉　⑤防災　⑥その他
(3)　多文化共生の地域づくり
　　　①地方自治体の体制整備　　②地域における各主体の役割分担と連携・協働

　適応・同化を中心とした対応から，異文化の理解と尊重へと対応の力点が変わったと言われるが，さまざまな文化的背景をもった人々が生活するなか，多文化共生社会は教育をとおしてどのようにしたら実現できるのだろうか。学校教育だけではなく，地域教育の課題として考えていかなければならない。
　本章ではまず，日本語教育を必要とする児童生徒について考えてみよう。

(2)　教育の国際化の現状

　ところで，国際化と教育の関係を表す具体的な指標（ものさし）となるデータとして，子どもの国境を越えた出入りの変化を見てみよう。
　まず，日本に入国してくる外国人児童生徒の現状について見ると，文部科学省の「日本語指導が必要な児童生徒の受入状況等に関する調査」（平成28年度）から紹介すると，2016（平成28）年度では，外国籍の児童生徒80,119人のうち日本語指導が必要なのは34,335人と外国籍の児童生徒の約43％であり，2006（平成18）年の約32％より10％ほど比率が増加している。外国籍の児童生徒数は1万人ほど増加している（図13-1）が，日本語指導が必要な外国籍の児童生徒は2006（平成18）年度から2016（平成28）年度までの間に1万2千人ほど増加している（図13-2）。

第13章　多文化共生と地域コミュニティの国際化 | 205

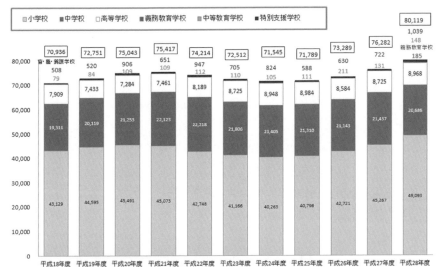
図13-1　学校種別外国籍の児童生徒数の推移（単位：人）

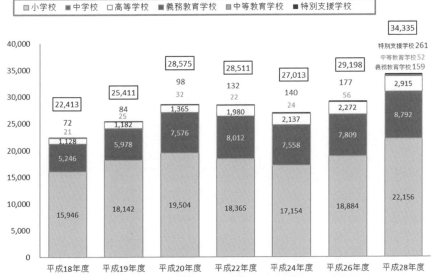
図13-2　日本語指導が必要な外国籍の児童生徒数の推移（校種別）

この10年間に在籍学校数も5,475校から7,020校へと増加している（図13-3）。

また，外国人児童生徒の母国語の分布を見ると（図13-4），ポルトガル語，中国語，フィリピン語，スペイン語が中心であるが，子どもたちの母国語が多様になれば，それだけ学校の外国人児童生徒への対応もきめ細やかさが求められる。

つぎに，日本語指導が必要な日本国籍の児童生徒について見てみよう（図13-5）。日本語指導が必要な日本国籍の児童生徒数は，平成28年度が9,612人であり，平成26年度に比べて1,715人，比率にして21.7%も増加している。これを平成18年度の3,868人と比べると，10年間増加し続けてで約2.5倍にも達している。

この日本語指導が必要な日本国籍の児童生徒のうち，24.9%を占める

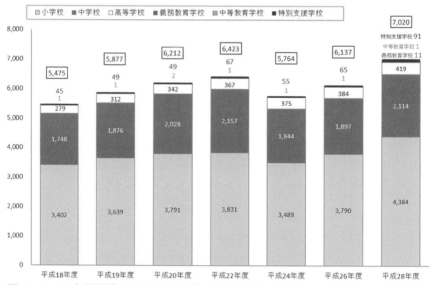

図13-3　日本語指導が必要な外国籍の児童生徒が在籍する学校数の推移

第13章　多文化共生と地域コミュニティの国際化　｜　**207**

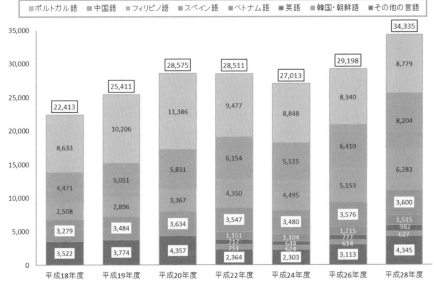

図13-4　日本語指導が必要な外国籍の児童生徒の母国語別在籍状況

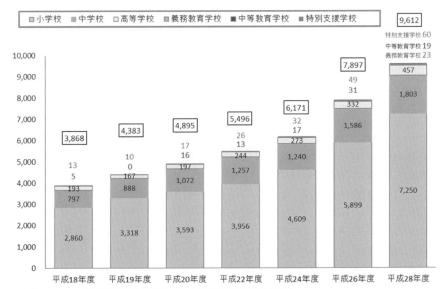

図13-5　日本語指導が必要な日本国籍の児童生徒数
（図13-1～5の出所：文部科学省『「日本語指導が必要な児童生徒の受入状況等に関する調査（平成28年度）」の結果について』平成29年）

のは帰国児童生徒であるが、そのほかに日本国籍を含む重国籍の場合や、保護者の国際結婚により家庭内言語が日本語以外である児童生徒なども含まれている。

　このように、外国籍と日本国籍とを合わせると、日本語指導が必要な外国につながる児童生徒数は平成28年度には43,947人にのぼり、平成18年度の26,281人の約1.7倍となっている。これはまさに国境を越えて外国籍の児童生徒が移動したり、また日本国籍をもつ外国につながる子どもたちが増加してきたりしていることを表している。この日本語指導を必要とする児童生徒に対しては、自治体レベルでのきめ細やかな対応が求められ、今日の地域の教育課題となっていることを数値の上からも知ることができる。

2. 国際理解教育と地域教育

(1) 国際理解教育と国際教育

　このような事態の変化を受け、1996（平成8）年の中央教育審議会第一次答申においては、国際化への対応に焦点があてられ、①異文化を理解し、これを尊重・共生できる資質・能力、②自己の確立、③コミュニケーション能力の育成の3つの点に留意して教育を進めていく必要があるとされ、「国際理解教育」の推進・充実が提言された。

　他方、2005（平成17）年の「初等中等教育における国際教育推進検討会報告」（初等中等教育局長の私的諮問機関による報告）においては、社会の国際化の進展を踏まえた人材育成を図るため、国際理解教育に加え、帰国児童生徒教育、海外子女教育、外国人児童生徒教育など、各分野の成果を踏まえた教育のあり方として「国際教育」の推進が提言された。

　まず、国際教育とは、「国際社会において、地球的視野に立って、主

体的に行動するために必要と考えられる態度・能力の基礎を育成するための教育」と定義される。とくに初等中等教育段階においては、すべての子どもたちが、①異文化や異なる文化をもつ人々を受容し、共生することのできる態度・能力、②自らの国の伝統・文化に根ざした自己の確立、③自らの考えや意見を自ら発信し、具体的に行動することのできる態度・能力の3つを身につけることができるようにすべきだとしている。

さらに平成29年に改訂された学習指導要領では、改善の柱として外国語教育の充実が挙げられている。つまり、小学校において、中学年で「外国語活動」を、高学年で「外国語科」を導入し、小・中・高等学校と一貫した学びを重視し、外国語能力の向上を図る目標を設定している。「外国語科」や「外国語活動」では、主体的に外国語を用いてコミュニケーションを図ろうとする態度の基盤として、外国語やその背景にある文化に対する理解を深めることを目標に挙げている。これらの教科においては、外国語に触れたり、外国の生活や文化などに慣れ親しんだりする国際理解などに関する体験的な学習活動を進めることで、ひいては、国際的視野に立って、世界の平和人類の福祉に貢献することにつながる道徳性を養うことが目指されている。

（2）　国際教育と地域社会

2005年の報告では、国際教育と地域社会との関連については、もっぱら学校教育における「外部資源の活用という観点」から、①外部の人材や組織に関する情報が不足している、②学校と外部の人材や組織を結びつける機能が不在であると指摘している。すでに総合的な学習の時間を中心に、豊富な海外経験を有する企業退職者が特別非常勤講師となり、世界各国で生活した体験に基づき、外国の生活・文化・政治・経済等を、わかりやすい形で子どもたちに語るなど、学校の外部にある人材等を学

校教育に積極的に登用することが行われている。また，地域在住の外国人等との交流や，博物館・公民館等の社会教育施設と連携した取組も多く行われている。

　しかし，外部資源の活用がすべての学校で進んでいるわけではない。この背景には，情報の共有や連携のための体制づくりが十分でないため，求める活動形態や学習課題に最適の組織等を見つけることができない。連携しようとする組織等の実態や実績について分からない。また，限られた時間の中で，特別非常勤講師等外部の人材の登用の効果を上げるためには，授業の目標や授業内容に関する打合せ等十分な事前準備や，児童生徒に対する事前・事後の学習などしっかりとした授業計画に基づいて行われることが重要である。とくに新設領域である外国語活動の授業の実施に当たっては，ネイティブ・スピーカーの活用に努めるとともに，地域の実態に応じて，外国語に堪能な地域の人びとの協力を得ることとしている。

　しかし，学校と地域社会を結び，情報と人間を交流させるコーディネーターを育成し制度化することや，また，財政的裏付けや教師の時間的ゆとりなど学校側の条件整備が必要ではないだろうか。

（3）　学校の多国籍化・多文化化への対応

　データで確認したように，多様な言語と文化的背景をもった外国につながる児童生徒が増加し，学校の多国籍化・多文化化が進み，かつ，在籍する地域や学校が分散する傾向が見られる。そこで，①日本語指導や学習支援など適応指導の充実が必要であるとともに，②不就学児童生徒への対策や児童生徒の母語を保持することなど，新たな課題が出現した。

　そこで近年の動向を見ると，まず①については，平成26年に学校教育

法施行規則が改正され，日本語の習得に困難がある児童に対し，日本語の能力に応じた特別の指導を行うための特別の教育課程を編成し，実施することが可能となった。

　また，平成27（2015）年に文部科学省に有識者会議が設けられ，平成28年には「学校における外国人児童生徒等に対する教育支援の充実方策について」（報告）がまとめられた。

　この会議の趣旨は，「小・中・高校における外国人児童生徒等の受入体制の整備や日本語指導・教科指導，生活指導等の充実を図ることが急務となっている。また，外国人児童生徒等が進学・就職して経済・社会的に自立を目指すケースが増えている状況を踏まえ，外国人児童生徒等教育が我が国の経済・社会に与える積極的意義・効果について，広く発信することが求められている。」このため，「外国人児童生徒等教育に関する有識者，地方公共団体，大学，NPO等様々な関係機関の協力を得て，教育支援の在り方について，現場で教育実践に取り組む関係者からのヒアリングを行うとともに，議論を重ねて」具体的な提言を行ったのである。

　具体的方策（提言）としては，（1）外国人児童生徒等教育の指導体制の整備・充実，（2）外国人児童生徒等教育に携わる教員・支援員等の養成・確保，（3）外国人児童生徒等教育における指導内容の改善・充実，（4）外国人の子供等の就学・進学・就職の促進の4つの事項についてそれぞれ示されている。

　さらに，平成29年度改訂の小学校および中学校の学習指導要領の総則には，「海外から帰国した児童や外国人の児童の指導」という節が設けられ，次のように述べられている。

①学校生活への適応等

> ア　海外から帰国した児童などについては，学校生活への適応を図るとともに，外国における生活経験を生かすなどの適切な指導を行うものとする。
>
> ②日本語の習得に困難のある児童への通級による指導
>
> イ　日本語の習得に困難のある児童については，個々の児童の実態に応じた指導内容や指導法の工夫を組織的かつ計画的に行うものとする。特に，通級による日本語指導については，教師間の連携に努め，指導についての計画を個別に作成することなどにより，効果的な指導に努めるものとする。

このイについての解説では，通常の学級における支援の内容としては，

> ①授業において使われている日本語や学習内容を認識できるようにするための支援
> ②学習したことを構造化して理解・定着できるようにするための支援
> ③理解したことを適切に表現できるようにするための支援
> ④自ら学習を自律的に行うことができるようにするための支援
> ⑤学習や生活に必要な心理的安定のための情意面の支援

が挙げられている。

　このために通常の学級の担当教師は，生徒の状況に応じた支援を行うよう求められている。たとえば，ゆっくりはっきり話すことや，生徒の日本語による発話を促すなどの配慮をしたり，絵や図などの視覚的支援を活用したり，ワークシートなどの教材を活用し，生徒の日本語取得状況や学習理解度の把握に基づいた指導計画を作成するなどの方法が示さ

れている。

3. 多文化共生のために地域教育が果たす役割

　このように学校教育における支援の基盤は徐々に整う方向へ向かいつつあるが，他方で，日本語指導が必要な児童生徒の状況は多様化が進んでいるとともに，公立義務教育の諸学校や外国人学校で教育を受けていない不就学児童生徒への対策や，子どもが母語を修得しにくいことなど，新たな課題が出現していて，これは学校教育だけでは対応しきれない課題である。

　先に挙げた平成28（2015）年の有識者会議報告によると，児童生徒の母語に関して，フィリピノ語，ベトナム語及びその他の言語が増加している。また夫婦の一方が外国籍の，いわゆる国際結婚の婚姻数は平成18年をピークに減少しているが，日本国籍・二重国籍の児童生徒数は図13-5で見たように急増している。

　さらに，在留外国人の在留期間の長期化・定住化に伴い，在留外国人の第2世代などの「日本生まれ・日本育ち」の子どもが現れる一方，いわゆる日系外国人の第2世代が多いとされてきたブラジル，ペルー，フィリピン等も新たに来日する保護者が学齢期の途中段階で子どもを母国から呼び寄せるなど，就学のタイミングも多様化しつつある。

　先の報告書は「これらの結果，公立学校に在籍する外国人児童生徒等の母語及び日本語の習得度合いも様々な状況となっている。具体的には，母語及び日本語両方においてコミュニケーションや学習が可能な児童生徒がいる（いわゆる「バイリンガル」）一方，母語においても日本語においてもコミュニケーションや学習が困難な児童生徒もいる（いわゆる「ダブル・リミテッド」）状況となっている。」（「学校における外国人児童生徒等に対する教育支援の充実方策について」（報告）平成28年，

p.5）

　たとえば後者の場合，生徒は日本語で自分の考えがまとめられないために，自分の意見が言えず，友人関係を築いたり行事に参加することもできず，生活に対して消極的になり，社会生活に参加しづらい状況におかれる。また，子どもが両親の出身国の言葉が話せない，あるいは保護者が日本語でコミュニケーションがとれないことにより，保護者とのコミュニケーションがとりづらくなるため，学校からの連絡事項を伝えにくく提出物を期限内に出すことや保護者と進路について話し合うことがむずかしくなる，といった事態が起きる。学校における通級による日本語指導のための基礎定数が，平成29年の法律改正により新設され，指導体制の充実が図られているとはいえ，高等学校進学率を上昇させ，教育機会を保障するまでにはまだ多くの課題が残っている。

　また，外国人労働者を中心とする外国人受け入れに関する諸問題を「生活者としての外国人」のための施策が様々に実施され，たとえば文化庁による日本語教育事業が行われている。

　このように複雑化する状況のなかで，外国につながる子どもへの地域社会における教育的支援のあり方も，単に言葉の問題だけではなく，学力獲得や高校進学の問題，母文化と日本文化のダブルの文化を生きることや，子どもの生活の基盤となる家族の日本語理解の問題，就労や経済状況，医療や老後の福祉に至るまで，多様な問題と複雑に絡み合っている。

　外国籍でありながら母国語を話せず，日本の公立学校にも適応できない子どもの不就学問題や，日本国籍であっても外国とのダブルの文化的・言語的背景を持った子どもが増加するなかで，これらの課題について考える際に，社会の統合や秩序の維持，人材育成といった視点から考える以前に，まず，子どもの教育権の保障の視点から考える必要があろ

う。子どもが母国語を選択する権利は「子どもの権利条約」で認められており，それを批准している政府と自治体には，権利保障をする責務がある。しかし，「外国人に就学義務を課さず，彼等が就学しないことを事実上放置してきたこと，それが日本の特徴と言えるだろう。このことは遡れば，戦後における在日朝鮮人の日本の学校教育からの排除の過程と関連して」（宮島・太田，2005年，p.4）いるという指摘もある。多文化共生の課題は地域に潜在して見えにくいことが多い。多文化共生の課題に気づき，外国につながる子どもや住民との相互理解と共生を図る住民の学びと地域活動の展開をさらに考えていきたい。

【放送教材の概要】
　川崎市国際交流協会において，協会の職員から川崎市の国際化と多文化共生の現状をヒアリングし，また，市民として国際交流に取り組むかわさき国際交流民間団体協議会の代表の方，そして川崎市外国人市民代表者会議や神奈川県の外国籍県民かながわ会議で活躍される外国籍市民の方のお話しを伺う。

演習問題

　テキストでは平成28年度の「日本語指導が必要な児童生徒の受入状況等に関する調査」のデータを紹介した。この調査は2年おきに実施されているので，直近のデータを入試して，このデータが示す教育課題とその背景にある地域社会の変化について考えてみよう。

参考文献

荒牧重人ほか編『外国人の子ども白書―権利・貧困・教育・文化・国籍と共生の視点から』(明石書店, 2017年)

安藤由美・鈴木規之・野入直美編『沖縄社会と日系人・外国人・アメラジアン』(クバプロ, 2007年)

江淵一公編『異文化間教育研究入門』(玉川大学出版部, 2005年)

『岩波講座現代の教育第11巻　国際化時代の教育』(1998年)

今津孝次郎『学校臨床社会学』(新曜社, 2012年)

異文化間教育学会編『異文化間教育学大系』全4巻(明石書店, 2016年)

S.マーフィ重松(坂井純子訳)『アメラジアンの子供たち』(集英社新書, 2002年)

馬渕仁『「多文化共生」は可能か～教育における挑戦』(勁草書房, 2011年)

宮島喬, 太田晴雄編『外国人の子どもと日本の教育～不就学問題と多文化共生の課題』(東京大学出版会, 2005年)

宮島喬『外国人の子どもの教育～就学の現状と教育を受ける権利』(東京大学出版会, 2014年)

森田洋司・矢島正見・新藤雄三・神原文子編『新たなる排除にどう立ち向かうか』(学文社, 2009年)

日本社会教育学会編『グローバリゼーションと社会教育・生涯学習』(日本の社会教育49)(東洋館, 2005年)

日本社会教育学会編『社会的排除と社会教育』(日本の社会教育50)(東洋館, 2006年)

野入直美「沖縄社会とアメラジアンの教育権をめぐる問題」アメラジアンの教育権を考える会編『アメラジアン・スクール・イン・オキナワ資料集ダイジェスト版1998～2004年』(私家製版, 2000年)

奥田道大編『コミュニティとエスニシティ』(21世紀の都市社会学, 第2巻)(勁草書房, 1995年)

小内透編『在日ブラジル人の教育と保育の変容』(お茶の水書房, 2009年)

清水睦美『ニューカマーの子どもたち』(勁草書房, 2006年)

14 | 地域コミュニティにおける行政・コーディネーターの役割

玉井康之

《目標＆ポイント》 地域住民や地域団体を結びつけていくパイプ役としての社会教育行政の役割は大きい。社会教育関係者の役割として，地域組織をコーディネートし，組織活動が活性化するようにファシリテートしていく役割が大きいことを理解する。

　社会教育職員が中心になりながらも，ファシリテーターを広げていくこと，社会教育行政職員や地域コーディネーターは，地域づくり支援の方法として，社会教育団体・学校支援ボランティア・市民学習講座参加者などに働きかけながら，地域づくりを組織していくことが重要であることを理解する。さらに学校の地域総合学習活動を支援することも地域コーディネーターの重要な役割であることを理解する。

　市民出前講座を実施している自治体も増えており，地域づくり活動の一環としてこれらの出前講座を活用することも重要な方法である。市町村自治体だけでなく，国や半官半民の団体なども，出前講座を実施しており，これらの団体活動を活用することも重要であることを理解する。

　長期的な産業振興による地域コミュニティと教育支援活動は連動していることを理解する。

《キーワード》 社会教育行政，地域コーディネート，ファシリテート，ファシリテーター，オルガナイザー，文化団体，学校支援ボランティア，地域学習活動，市民講座，地域総合学習活動，出前授業，啓発活動，地域団体活動，地域産業振興，教育支援活動

1. 地域コミュニティと社会教育行政の役割

（1） 地域コミュニティとパイプ役としての社会教育行政の役割

　一部の地方を除き，旧来の農村共同体的な地域コミュニティは，産業構造の変化により衰退していった。一方地域コミュニティの交流がなくなることで，子どもたちや地域住民は孤立感を深めストレスやフラストレーションがたまる傾向も強くなっている。子どもたちが大人になるまでに様々な世代を超えた直接的な人間関係の経験が少ないために，人々の社会的発達や生きる力は逆に阻害される傾向にある。

　このような状況の中で，改めて子どもを中心としたコミュニティを創りながら，長期的な生涯発達を考えていくことが重要になっている。このため，子ども・学校を中心としたコミュニティスクール構想も政策的に推進されている。コミュニティスクールでは，学校が地域に開かれる必要があるだけでなく，地域住民も学校教育活動や学校運営に協力していく必要がある。学校と地域が連携し，相互の活動が一体化しながら地域コミュニティが実質的に機能していく。

　地域をとりまとめ地域コミュニティを発展させる上でまず重要なのは，社会教育行政の役割である。社会教育行政はどの市町村も配置されており，様々な地域住民啓発活動や住民の集団活動を支援している。また地域づくり活動集団を組織したり，各団体間のネットワークを推進する役割を担っている。このような社会教育行政が，地域住民の集団活動を組織するパイプ役として，どれだけネットワークを広げていくかの集団づくり機能が，地域コミュニティの発展にとって重要になってくる。

（2） 社会教育関係者の地域コーディネート・ファシリテートの役割

　社会教育職員は，既存の集団・サークルを指導するだけでなく，まち

づくり集団などを組織していくことも重要である。そのためには，社会教育職員がまちづくりに関わる様々な個人・関係団体を発掘したり，個人・関係団体間を結びつけていく地域コーディネートが必要になる。また地域活動は自然に発展するものではないため，活動の企画運営のアドバイスや意義づけなどを行いながら，発展的な活動を促進するファシリテートが必要になる。このようなファシリテートは，社会教育職員が中心になりながらも，様々な地域住民が担っていけるようにファシリテーターを広げていくことが重要である。

このように地域の大人を組織する場合は，学校教育における子どもの指導とは異なり，指示・命令だけでは動かない。すなわち個人・集団を勇気づけ，参加者の会議運営を円滑にしたり自分たちで意欲的に企画を進められるように，協働活動を支援・促進していく必要がある。これらの活動が構成員の内発的な意欲につながるようにしていかなければならない。このような地域をコーディネートし，組織活動をファシリテートしていく人は，オルガナイザー（組織者）のスキルやコミュニケーションスキルも必要になってくる。

2. 地域づくり活動の支援方法と行政・コーディネーターの役割

（1） 地域住民への地域づくり支援方法と社会教育行政の役割

社会教育行政や地域コーディネーターは，地域の組織者でもあるため，地域住民・団体に地域づくりを常に働きかける必要がある。地域づくり支援の方法としては，以下のような方法がある。

第一に，社会教育行政が把握している文化団体・スポーツ団体・婦人団体・高齢者団体・学習団体・地域づくり団体などに，何らかのまちづくり活動を呼びかけていくことである。どのような団体活動も，それを

活性化することで，住民の活動ネットワークが広がり地域づくりになっていく。したがって，逆にどの団体の活動も自らの活動は，何らかの地域づくり活動になっているのだという社会的意義を位置づけ，活動方針の中に地域づくりを組み込んでもらうことが重要である。すなわち「○○の活動を通じて地域づくりに貢献する」という団体活動目標を理念として入れてもらうことである。

　第二に，学校支援ボランティアの登録制度を活かしながら，学校支援ボランティア活動を通じて，地域活動を組織していくことである。地域づくり活動を子どもや学校のために行うのであれば実践してみたいと考える保護者や地域住民は少なくない。これらの人は，学校支援活動を通じて自分たちの成長や地域の発展に貢献していると言える。地域コーディネーターの役割は，これらの保護者や地域住民を発掘・コーディネートすることである。

　第三に，地域を探索し地域を理解する学習活動を組織することである。地域を知る市民学習活動には，例えば，地域の自然探索活動・史跡巡り・郷土史講座・地域学講座など，様々な地域学習活動や市民講座がある。これらの研修・講座等の学習活動に集まる人に声をかけて，講座後の継続的な地域づくり活動を組織していくことである。講座も何回も集まる中で，それを学んだ地域住民どうしがまた何らかの宣伝・普及活動を行いたいと考える場合も少なくない。これらの研修を終了した人たちに，認証評価証を付与し，市民活動リーダーとして位置づけていくことが重要である。

（2）　学校の地域総合学習活動と地域コーディネーターの役割

　地域社会教育の側からの地域づくり活動と並んでもう一つの重要な活動は，学校の側からの地域づくり活動である。学校では総合的な学習活

動を使って，地域探索活動や地域づくり活動を行う学校が増えてきた。その場合に子どもたちが地域調べ学習や地域体験学習をする場合にも，地域をよく知る地域住民・団体との連携は不可欠となる。

　そのため地域コーディネーターは，学校がどのような総合的な学習活動を進めようとしているかを把握し，社会教育行政や学校支援ボランティアと連携して地域住民との接点を作っていく必要がある。そのためには，地域コーディネーターも学校での教育課程と年間行事などを事前に把握しておく必要がある。その上で，学校での事前学習指導や現地での解説・体験指導や成果発表会の参画など，地域づくり活動と学校支援活動をコーディネートしていくことが重要になる。

　このような学校の総合的な学習活動への支援は，子どもたちにとっての地域学習であるとともに，地域住民にとっても地域を知り地域に根ざした活動を発展させる契機となる。この地域コーディネーターの配置は，学校ごとに配属されている自治体も増えており，今後とも学校と地域住民を結ぶパイプ役としての役割が期待されている。

3. 地域コミュニティと一般行政の教育的役割

（1）　市町村行政による出前授業と学習支援による地域コミュニティ

　市町村行政の中では，地域を知ってもらい，また何らかの地域づくり活動に役立ててもらうために，市民への出前講座を実施している自治体もある。大規模に実施している事例として，釧路市の出前講座を紹介しておきたい。釧路市の出前講座は，北海道内では最も早い1999年から実施し，毎年90講座ほどを開設している。釧路市の実施方法では，10人以上の市民が集まれば，出前講座として市役所職員を派遣して，講習会を開講できる。

　開講講座の内容は，大別して「市のしくみ編」「まちづくり編」「生

活・防災編」「産業・港湾・空港編」「福祉・環境編」「教育編」に分けられており，講座一覧は章末 pp.225-229の通りである。市民の利用者は，すでに年間5000人以上であり，釧路市行政の取り組みが市民に浸透している。

　このような出前授業を受けた人が何らかの形で地域貢献活動を始めている場合も多く，行政の学習支援活動が地域づくりにつながっている。すなわち行政職員が地域コーディネーターの役割を果たしていると言える。

（2）　地域団体活動・地域自治活動による啓発と地域コミュニティ

　市町村行政機関の学習支援活動だけでなく，法務局・刑務所・食糧事務所・税務署・選挙管理委員会など，国・都道府県の官庁機関も出前授業を行っている場合が多い。また公的な民間団体として，連合町内会・消費者協会・社会福祉協議会・幼稚園協会・保育園協会・子育て支援センター・家庭支援センター・自然保護団体・観光協会・協同組合・交通安全協会・防犯協会・消防団・NPOなどの半公共的な団体も地域づくり活動や出前講座・啓発活動を行っている。

　これらの活動は，それぞれの団体の目的的な活動であるが，受け手の市民は，それを自分たちの目的活動としてだけでなく，それを通じて地域づくり活動につなげていけば良い。学習啓発活動自体が，市民の生活の安全・安心につながるものが多く，市民生活が向上すること自体が，地域づくりになっていく。

　このような半公共的な団体の活動は，ホームページで宣伝している場合もあるが，これらの団体が連携して市民啓発に取り組めば，大きなネットワーク組織として，地域づくり・市民啓発・学習活動の組織として機能していく。このような地域団体の自主的活動を自治体等が支援し

ていくことで，市町村全体の地域づくり団体として発展していく。

（3） 長期的産業振興と教育支援活動による地域コミュニティ

　産業振興も地域づくりと地域コミュニティの一つの大きな柱である。もう一つの地域コミュニティの柱は，地域の教育活動である。特に子どもたちにとっては学校を中心とした活動が与える影響は大きい。子どもたちが地域を好きになり，長期的に見ると地域の担い手になることが，地域産業の振興につながっていく。すなわち，地域教育活動と地域経済活動は長期的には結びついている。

　学校においては，カリキュラムは基本的には法令によって全国同じように決められている。このような中で近年は，学校の総合的な学習活動や教科横断型教育活動等で地域総合学習を積極的に進めており，地域の団体も子どもたちの活動を応援している場合が増えている。子どもたちが地域を深く知り，地域を誇りに思わなければ，子どもたちも地域に残って地域に貢献しようとは思わなくなる。

　どの地域でも少子化・人口減少によって，学校運営や地域教育活動も厳しい状況に直面している。そのため，地域と連携した教育課程を創ろうとしても，その担い手が少なく，活動を大幅に増やすことができない場合もある。このような小規模化・人口減少した学校・地域に対しても，学校と地域が一体となって，子どもたちが地域で活動できるように支援していくことが求められている。子どもたちがやがて地域の担い手として地域を発展させていくためには，子どもたちが自分の学校や地域のことを好きになるような学校支援活動や地域探求活動を推進していくことが重要である。

演習問題

1. 地域住民への地域づくり支援方法にはどのような方法があるかを考えてみよう。
2. 市町村の出前講座などを地域コミュニティや地域づくりにどのように活かしていくかを考えてみよう。
3. 公的な民間団体の出前講座なども，地域コミュニティや地域づくりにどのように活かしていくかを考えてみよう。

参考文献

天笠茂編『地域との新たな協働を図る学校づくり』（ぎょうせい，2015年）
鈴木敏正・玉井康之・川前あゆみ編『住民自治へのコミュニティネットワーク』（北樹出版，2010年）
小松郁夫編『"新しい公共"型学校づくり』（ぎょうせい，2011年）
浜田博文編『新たな職を活かす校長の学校経営』（教育開発研究所，2010年）
佐藤晴雄『学校支援ボランティアとつくる特色ある学校』（教育出版，2005年）

第14章 地域コミュニティにおける行政・コーディネーターの役割

1 市のしくみ編 【全12講座】

No.	講座メニュー	内容	担当課
1	「人に優しいIT」をめざして	「人に優しいIT」をキーワードとした、市が取り組んでいる情報化の推進について	情報システム課
2	「釧路市都市経営戦略プラン」による取り組み	「釧路市都市経営戦略プラン」について（平成24年2月策定）※釧路市都市経営戦略プランを構成する「政策プラン」「市役所改革プラン」「財政健全化推進プラン」の3つのプランを一体的に進めていくことにより、釧路市を持続的に発展させていき、市民の皆さんが夢と誇りを持ち続けることができるまちづくりについて、その考え方や取り組みを説明します。	都市経営課（企画担当）
3	人口減少社会に立ち向かうまちづくり NEW	「釧路市まち・ひと・しごと創生総合戦略」について（平成27年12月策定）※釧路市の人口減少対策と今後の取組についてわかりやすく説明します。	
4	みんなで考えよう 釧路市まちづくり基本条例	釧路市まちづくり基本条例について ※まちづくり基本条例の内容を説明し、釧路市ではどのような運用がされていけばよいか意見交換を行います。	
5	統計でみる釧路市	国勢調査など各種統計調査の結果からみた、現在の市の姿について	都市経営課（統計担当）
6	釧路市の移住・長期滞在事業について	「涼しいくしろで避暑生活」等をキャッチフレーズに、長期滞在の受け入れを行っている市の取り組みについて	
7	釧路市の国際交流について	外国都市との交流、海外研修員の受け入れなど、幅広い活動について	市民協働推進課
8	よくわかる釧路市の情報公開と個人情報保護	情報公開制度の概要、公文書の公開手続き、個人情報の保護などについて	
9	男女平等ってなあに	分かりやすい言葉や事例で伝える男女平等参画の推進について	
10	わたしたちのまちの財政状況	市の財政状況について	財政課
11	選挙出前講座なう！	選挙の仕組み、選挙の種類、投票・開票などについて ※意外と知らない選挙のお話をクイズやDVDなどで楽しく紹介します。選挙機材（投票箱など）の貸出も行います。	選挙管理委員会事務局
12	市議会をもっと身近に感じてみませんか	市議会をより身近に感じられる情報について ※市議会議員は何をどう話し合っているのか、仕組みや運営方法などについて説明します。	議会事務局

2 まちづくり編 【全11講座】

No.	講座メニュー	内容	担当課
13	釧路市の将来都市像とまちづくり	市の施策や総合計画を紹介しながら～将来都市像と今後のまちづくりについて	都市経営課（企画担当）
14	みんなで取り組む地域づくり	都市計画マスタープランの概要、協働によるまちづくりの地域づくり事業の取り組みや様々な事業の事例などについて	都市計画課
15	みんなで考える 釧路らしい景観づくり	多彩な景観資源や景観計画の概要、釧路らしい魅力ある景観づくりについて	
16	市民と協働するまちづくりをめざして	「市民と協働するまちづくり推進指針」をテキストに、市民と行政の協働によるまちづくりについて	市民協働推進課
17	観光政策 及び 釧路市の観光について	「釧路市観光振興ビジョン」を中心とした市の政策、市内周辺の交通手段や所要時間などについて	観光振興室
18	観光ホスピタリティ実践講座	観光客にまた来ていただくための「ホスピタリティ（おもてなしの心）」について	
19	みんなで考える公園づくり	身近にある公園がどのようにできるのか～公園づくりに関する全般について ※あわせて「公園の里親」制度についても説明します。	公園緑地課

No.	講座メニュー	内容	担当課
20	公共建築見て歩き	市民の関心が高い建物、新しい公共建築などについて ※説明を交えながら見学します。なお、建物の規模によっては人数の制限があります。	建築課
21	道路ができるまで	市の道路整備が、計画から実施までにどのような手順で行われ、どのように作られるのかなどについて	道路河川課
22	「釧路市水道管路更新基本方針」について	蛇口をひねればいつでも清潔で安全な水が出てきますが、水道の大切さ、釧路市の水道管路の現状を含め、平成26年度に策定した「釧路市水道管路更新基本方針」についてわかりやすく説明いたします。	水道整備課
23	釧路川と水道水	釧路川の水が水道水になるまで〜水の安全性などについて ※水道水をよりおいしく飲むアドバイスもあります。	水質管理課

3 生活・防災編 【全21講座】

No.	講座メニュー	内容	担当課
24	マイナンバー制度について **NEW**	マイナンバー制度の概要について ※通知カードおよび個人番号カードについてや、マイナンバーを利用した各種手続きについてお話します。	情報システム課
25	「市・道民税」分かりやすく説いて「節税」を	所得控除や非課税制度について ※複雑な税の仕組みをわかりやすく説き明かします。	市民税課
26	知っていますか。固定資産税	難しいと思われがちな固定資産税に関する土地、家屋それぞれの制度について	資産税課 納税課
27	消費生活に役立つ情報	悪質商法の被害防止、消費生活で被害にあわないための情報について	市民生活課
28	わかる 身につく 交通安全教室	交通事故の被害者・加害者にならないために、交通安全に関する講話や実技、ビデオ上映などを通じて、知識と意識の向上を図ります。 ※平日のみ実施	
29	救急医療のかかりかた 〜救急医療を継続していくための市民ルール〜	夜間・休日の救急医療体制、救急医療のルール、救急車の適正な利用などについて	健康推進課
30	生活習慣病予防について	高血圧、糖尿病、がん、メタボリックシンドロームなどの生活習慣病予防全般についてお伝えします。 ※健診結果の活用方法もご説明できます。主に64歳以下で構成される団体(サークル、町内会など)を対象とします。 ※平日のみ実施	
31	知って得するがん予防の話	日本人の死亡原因第1位はがんです。がんを予防するための生活のポイント、がん検診などについてお伝えします。 ※平日のみ実施	
32	あなたの血圧、本当に大丈夫？ たかが血圧、されど血圧!!	釧路市民が脳卒中で亡くなったり、介護を要したりする人が多いことをご存知ですか？ 今、その原因の一つである血圧に注目し、高血圧が体に及ぼす影響やメカニズム、自分の本当の血圧を見極める方法、家庭での血圧測定のコツ、高血圧から身を守る生活習慣改善について、受診のタイミングなどをお伝えします。 ※平日のみ実施	健康推進課 阿寒町行政センター保健福祉課 音別町行政センター保健福祉課
33	健診結果の変化を読み取れ!! 10倍得する 健診結果の見方・活かし方	健診を受けっぱなしではもったいない！あなたが受けている健診結果を読み解く方法、活かし方をお伝えします！今、自分の体で何がおきているか、いっしょに考えてみませんか？ ※健診を受けていない人は、健診で何がわかるかをお伝えします。 4〜5人の少人数でもOK、自宅へお伺いします。 ※平日のみ実施	
34	急増!! 釧路市民に忍び寄る慢性腎臓病 〜あなたの腎臓大丈夫？〜	慢性腎臓病を放っておくと、人工透析になったり、脳卒中、心臓病を引き起こすと言われています。まさか、毎日のあの行動が腎臓を痛めているなんて・・・!!日頃から腎臓をいたわるポイントをお伝えします。 ※平日のみ実施	
35	特定健診結果の見方	特定健診結果の見方についてお伝えします。 ※(概ね)釧路市国保加入者 ※平日10:00〜17:00のみ実施	国民健康保険課

第14章 地域コミュニティにおける行政・コーディネーターの役割　|　227

No.	講座メニュー	内　　容	担当課
36	みんなの国民健康保険	国民健康保険の概要について	国民健康保険課
37	わかりやすい国民年金のお話	20才の加入から年金受給までの国民年金の流れ、給付の種類、受給資格期間などについて	医療年金課
38	知らずに建てたらたいへん？ 建築物の申請の手続き！	建物を建てる際の申請手続き、制限などについて ※建物を建てる時、どのような申請手続きが必要か分かりやすく説明します。また、地域によって建物の用途が制限されることや建築物の高さや面積の制限等についても併せて説明します。	建築指導課
39	遭ってからでは遅すぎる？ 我が家の地震防災対策！	家庭の地震防災対策、住宅の耐震化について ※平成5年釧路沖地震、平成6年東方沖地震と2年連続して震度6弱に及ぶ大地震が発生！…それにも耐えたから我が家は安全？…いいえ、貴方の家は2度も大きなダメージを受けたままなのです！さらにまた来るかも？確率論的地震予測！」…そこで大切なのは「我が家の耐震診断・耐震改修！」…住宅の耐震化に関する知識と情報を提供します！	
40	自然災害から身を守るために	地震や津波などの自然災害に対する家庭での備えや市の防災対策について	防災危機管理課
41	学んで安心119火災予防教室	火災から大切な命や財産などを守るために、日頃から注意すること、万一の時に大切な通報・消火・避難などについて	
42	いのちを守る住宅用火災警報器	住宅用火災警報器の設置義務化の目的、経緯、設置場所などについて ※平成23年6月1日から全ての住宅に、住宅用火災警報器の設置が義務化になりました。近年、住宅火災で亡くなった人の約半数以上は「逃げ遅れ」が原因で命を失っております。大切な命や財産を守るための「切り札」として、わかりやすく説明します！	消防本部 予防課
43	市民救急教室（一般救急講習）	胸骨圧迫とAEDの使用方法など救命知識と技術について ※ご希望に応じて講話・実技指導など、わかりやすく説明します。 ・講座にテキストを希望する場合は有料 ※平日10:00～15:00のみ実施	
44	市民救急教室（救命入門コース）	救命知識と技術などについて（救命入門コース） ※消防本部で毎月9のつく日に行われる普通救命講習（3時間コース）へ向けた入門講習です。 ・所要時間：90分・小学生中高学年（概ね10歳）以上の方 ・講習テキストは有料・参加料は無料 ※平日10:00～15:00のみ実施	消防本部 警防課

4 産業・港湾空港編　【全10講座】

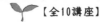

No.	講座メニュー	内　　容	担当課
45	地方卸売市場ってなあに？	地方卸売市場の役割、野菜・果物・花などの生産物が皆さんに届くまでの仕組みなどについて ※施設見学もできます。　平日9:00～17:00のみ実施	
46	中小企業者への 融資・助成制度について	事業者の多様なニーズにお応えして～目的に即した融資・助成制度の内容、申請方法など ※平日9:00～17:00のみ実施	商業労政課
47	釧路を元気にする 合言葉「域内循環」	今日からできる、まちを元気にする取り組み「域内循環」について	
48	エネルギーとしての 石炭あれこれ	石炭産業を取り巻く現状、地元の石炭を活用した火力発電事業について	産業推進室
49	もっとくしろの地場産品！ 地産地消をはじめましょう	地産地消の効果やエゾシカ・釧路ししゃも・釧路定置トキシラズといった地場産品について ※生産者の思いや地場産品の魅力、域内循環の大切さについて、写真やグラフを使って分かりやすく紹介します。	
50	釧路市の農業	釧路市の農業の生産概況、特質、地域農業と農村社会の役割などについて	
51	うしのはなし	釧路市の酪農、肉牛生産、牧草作り、家畜排せつ物処理などについて ※おいしい牛乳や牛肉ができるまでの農家の仕事を理解していただくための講座です。	農林課

3

No.	講座メニュー	内容	担当課
52	釧路市の水産業	釧路港に水揚げされる魚、漁法、資源管理型漁業など、釧路の漁業の現状及び釧路市内で生産される主な加工品の紹介や、生産量・生産額の推移、現状の課題などについて	水産課
53	釧路空港のはなし	釧路空港の生い立ちや重要性、利用状況などについて	観光振興室
54	「知らない音色に出会いたい」未来の釧路港	釧路港の概要、歴史、港湾計画の基本的な考え方や内容などについて	港湾計画課

5 福祉・環境編 【全16講座】

No.	講座メニュー	内容	担当課
55	赤十字の活動とあらまし	赤十字の活動内容、必要性、あらましなどについて	地域福祉課
56	災害時避難支援協働会について	市の「災害時要援護者安否確認・避難支援事業」をもとに、災害時避難支援協働会の概要や設立方法について	
57	障がい者の福祉サービスについて	身体障害者手帳、療育手帳(知的障害)、精神障害者保健福祉手帳の制度や障害福祉サービスについて	障がい福祉課
58	障害者差別解消法 〜障がいへの理解を深めよう NEW	障害者差別解消法の概要、障がいへの理解、合理的配慮の具体事例等について	
59	成年後見制度について NEW	成年後見制度の概要や利用方法等について	
60	介護保険制度・高齢者福祉サービスについて	介護保険制度の概要、保険料、介護保険サービスの種類や介護保険制度以外で市が独自に実施している高齢者福祉サービスについて	介護高齢課(介護保険担当)(高齢福祉担当)
61	高齢者のための介護予防	高齢者が介護を必要とする状態を未然に防ぐ「介護予防」について ※上映可能な会場に限り「介護予防プログラムわかがえりレッスンDVD」を使用します。気軽に体験できる40分程度のサンプルレッスンがありますので、動きやすい服装で参加ください。※平日10:00〜17:00のみ実施	介護高齢課(高齢福祉担当)
62	認知症サポーター養成講座 NEW	認知症を正しく理解し、偏見をもたずに認知症の人やその家族に対して暖かい支援ができる方法についてお話しいたします。※平日のみ実施	
63	生活困窮者の自立支援について	暮らしや仕事でお困りの方の相談業務等を行っている釧路市生活相談支援センター(くらしごと)での、さまざまな支援について	生活福祉事務所
64	高齢者等に配慮した公営住宅の設計について	高齢者等が安心して暮らせる市営住宅の設計について ※主に公営住宅入居希望者(特に高齢者等)を対象に、実際の図面などで説明します。	住宅課
65	こどもと家庭の福祉	子育てに関する各種手当、児童虐待や配偶者暴力(DV)などの家庭問題、様々な支援サービスなどについて	こども支援課
66	後期高齢者医療制度	後期高齢者制度の概要、保険料、医療給付の内容などについて	医療年金課
67	かんきょうの話	私たちを取り巻く環境を将来に伝えていくために〜自然、水、空気などの環境について	環境保全課(環境管理担当)
68	身近でできる地球温暖化対策(環境家計簿)	温暖化の原因や影響、家庭でできる温暖化対策について	
69	知っておきたい「お墓」のあれこれ	お墓の承継や、墓じまいに関する事、お墓を移す改葬とはどういうことか。お墓を建てるということは?合葬墓って何?樹木葬って?釧路市の墓地の状況を交えながら、お墓を持つ上で必要な基本知識をお話しします。	環境保全課(環境衛生担当)
70	ごみ減量とリサイクル	「ごみ減量とリサイクル」をテーマに、ごみや資源物の分別、リサイクル方法などについて	環境事業課

第14章 地域コミュニティにおける行政・コーディネーターの役割

⑥ 教育編

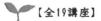【全19講座】

No.	講座メニュー	内容	担当課
71	楽しく子育て！～未就学児をもつお母さんへ～	子育てに関する情報、親子交流や親子遊び、子育てサークル援助などの地域支援活動について ※親子対象（お子様の年齢：未就学児）	こども育成課（子育て支援拠点センター）
72	健やか子育て講座	子どもの発達や生活リズム、生活習慣病予防など、子育て時期に知っておきたい情報についてお伝えします。 ※平日のみ実施	健康推進課
73	親子の悩みをアドバイスします	教育相談員の豊富な相談事例をもとに、いじめ、不登校、学校・家庭生活上の親子の悩みなどについて	教育支援課
74	家庭教育講座『ほわっと』～いっしょに育てるくしろの子～	くしろの子どもの現状を踏まえ、子どもの望ましい生活・学習習慣づくりや子どもとの関わり方について ※「家庭教育ってどんなものなのか？」について、一緒に学びを深める講座を行います。	教育支援課
75	野外活動を学ぶ	野外で行う地域活動や学級レクなどのプログラム・メニュー作成について	
76	今どきの学校給食	学校給食の目的、給食センターの食材購入方法などについて ※施設見学や試食もできます。	学校給食課
77	いつでもどこでも生涯学習	市で行われている各種生涯学習講座の紹介、生涯学習施設の利用方法などについて	生涯学習課（生涯学習担当）
78	わくわく新図書館！	新図書館整備について ※平成29年度、市立釧路図書館が北大通10丁目に生まれ変わります。市民の皆さんと一緒に創り上げていく新図書館がどんな図書館なのか、丁寧にお知らせします。	生涯学習課（生涯学習担当）
79	展覧会あれ、これ ～美術館情報	国内外の優れた作品を紹介する「特別展」、所蔵作品を中心とする「コレクション展」などの展覧会情報について	生涯学習課（美術館担当）
80	移動天文車「カシオペヤ号」で夜空を楽しもう！	移動天文車「カシオペヤ号」での天体観測会！専門スタッフが解説します。 季節の星座や天体を大型望遠鏡で観察。夜間のみ実施（季節により観察開始時間が変わります） ※雨天・曇天は中止・延期	生涯学習課（こども遊学館）
81	ボランティア活動を通じてこども遊学館を体験しよう！	こども遊学館の施設紹介と「遊学館ボランティア」の活動体験など ※10:00～16:00（休館日除く）で実施	
82	図書館を使い倒そう	図書館の利用方法、様々なサービスについて ※図書館をもっと使い倒すための情報満載です！	生涯学習課（図書館）
83	親子で楽しく読んでみよう	赤ちゃんから大人まで～楽しく読める本の紹介や読み聞かせについて ※年代に合わせた本の選び方、楽しい本との付き合い方などをアドバイスします。	
84	やってみよう！ブックコートと本の補修	本を保護するためのフィルムの貼り方、簡単な本の補修方法について ※必要な材料は受講者のご負担となりますので、事前準備等、詳細についてはご相談ください。	
85	生涯スポーツのすすめ	スポーツによる健康増進、世代間交流促進など、生涯スポーツ社会実現について ※子どもからお年寄りまで誰でも気軽に行えるスポーツなどを紹介します。	スポーツ課
86	博物館を使おう	博物館の仕事内容、博物館を上手に使う利用方法などについて ※10:00～16:30（休館日除く）で実施	博物館
87	発掘でわかった「くしろ」の先史時代	北斗遺跡などの発掘調査でわかった「くしろ」の先史時代について ※10:00～16:30（休館日除く）で実施	埋蔵文化財調査センター
88	動物たちが危ない！～絶滅するかもしれない動物たちのお話～	野生動物・絶滅のおそれがある動物を守るために、私たちができることについて	動物園
89	タンチョウ学び隊	タンチョウについて ※タンチョウゲームやタンチョウアート（工作：40分程度）など、年齢や興味に応じた学習の機会を提供します。	

5

釧路市「まちづくり出前講座」資料より転載

15 | 地域コミュニティの教育課題と学習社会の構築

玉井康之

《目標＆ポイント》 地域とコミュニティの二つの概念を包含した地域コミュニティが現代社会において重要になっている。元々存在した地域共同体組織から機能組織に移行してきたが，改めて協働社会としての地域性が重要になることを理解する。この地域コミュニティは様々な活動の重層的な関係の中でできあがっていることを理解する。

地域コミュニティの中でも学校組織は公平性・平等性を持った中核的役割を持っていること，また地域コミュニティを創っていく上で，学校を核としながら，学校を支援していく活動も地域コミュニティの重要な条件になることを理解する。

現代では，超高齢化・災害・貧困家庭問題・ネット社会の犯罪・人口減少など，様々な課題の中で地域コミュニティの関係性が改めて重要になっている。そのため，地域住民の自立・自治の組織再編を行うことも，地域コミュニティの条件となることを理解する。

地域を誇りに思うふるさと教育も，地域コミュニティの発展にとって重要であること，地方では，Uターンキャリア教育も地域コミュニティの条件になることを理解する。

地域づくり活動にはファシリテーターの存在と活動支援の役割が必要になること，また地域づくり団体の情報発信も，地域コミュニティづくりにとって重要になることを理解する。これら地域コミュニティづくりが進むことは，地域が学習社会化することを理解する。

《キーワード》 地域，コミュニティ，地域コミュニティ，重層的構造，地域共同体組織，機能組織，協働性，学校の中核的役割，公平性，平等性，地域創生，地域コーディネーター，超高齢化社会，災害，子どもの貧困，イン

ターネット犯罪，人口減少，町内会，地域振興会，集落再編，ふるさと教育，情報交流，地域の学習社会化

1. 地域コミュニティの重層的構造と機能集団

（1） 地域コミュニティの提起と新しい社会

　地域コミュニティの言葉は，エリアとしての"地域"と協働性を内包する"コミュニティ"の言葉が合わさった合体語である。これまで地域コミュニティの用語は，日本においてなじみが薄かったと言えよう。

　本書の執筆者たちは地域コミュニティの用語の一つの定義概念として，「地域エリアを基盤にした様々な協働性が重層的に展開しながら，互恵的な相互関係と信頼関係を持つ社会的関係が築かれている地域社会」のことを，地域コミュニティと呼ぶことにした。なぜなら，エリアとしての地域は必ずしも協働性が展開した地域ばかりではなく，また協働性は，地域を基盤にしていなくとも同質集団・機能集団を母体にして展開することができると言えるからである。そのため，この地域とコミュニティの両方を合体した地域コミュニティが，これからの新しい一つの協働性として必要ではないかというのが，本書の問題提起である。

（2） 地域コミュニティの再生と協働

　戦後日本は高度経済成長を迎え，産業構造が第一次産業から第二次・第三次産業へと急速に転換していった。それまでの大部分の地域では専業農家・兼業農家が6割以上を占め，水利利用・防除・収穫等の農業適期を同時に行う必要があるという農村共同体的な一体感と互恵関係が強く存在していた。これが日本の地域共同体と共同社会の文化を構成する

一つの基盤となっていた。
　しかし高度経済成長期には，地域共同体組織から機能組織に移行していき，地域共同体は不要なものとして位置づけられるようになった。情報化も進む中で，近くの人と交流しなくとも遠くの同質的な人と交流するだけで済まされるようになった。このような関係の中では機能的・利益的関係のみを追求するため，逆に同じ地域社会の中でも一体感や信頼感を持たずに，希薄な人間関係となっていった。
　しかし協働社会は，機能的関係や利益社会だけで成り立つものだけではなく，むしろ顔が見える一体感や協働関係が人間の発達にとっては重要である。この協働関係がなければ，様々な安心・安全が担保されず，ストレスも増していくからである。さらに同質集団・機能集団と見られる集団の中でも協働性がなければ，組織集団は壊れていくからである。このような協働性を高めるためには，改めて異質混合の地域社会の中での地域コミュニティの意義を再認識し，地域コミュニティを再生することが長期的な協働社会を構築していく上で重要になってくる。

（3）　地域コミュニティを構成する諸組織と重層的構造

　地域の中には政治・経済・産業・消費・教育・文化・学校・保育・医療・福祉・衛生・芸能・スポーツ・祭事・宗教・世代・階層などの様々な社会的関係があり，これらが有機的に重なり合って展開している。これらの社会的関係は直接的に意識している地域目的集団もあれば，日常的にはその結びつきを意識していない地域集団もある。いずれの集団も意識しているかどうかに関係なく，一定の地域ごとに集団が構成されている。
　一方地域に関係なく存在しているのは，インターネットの中だけのコミュニティであるが，これはバーチャルな集団であり，構成員の範囲や

個人の顔が見えない不特定集団である。したがってインターネットの進歩によって，地域社会を超えた関係や情報が広がっているが，強固な信頼感を基盤にしているわけでもなく，互恵的な関係や協働関係が広がっていくわけでもない。

　このようなバーチャルな関係が展開していくように見えるが，それが協働性を壊していくものであることも理解しておく必要がある。逆に地域の協働社会関係は，顔が見える関係として引き続き必要な関係であるが，それが意識されておらず，地域コミュニティの意義を改めて構築していかなければいけないということである。

（4）　学校の中核的役割と地域コミュニティ

　様々な階層や団体が目的的に地域の中で集団を構成しているが，あらゆる階層・立場を超えて共通の基盤になるのは学校である。学校の中では保護者は，社長も社員も「〇〇君のお父さん」の同等の立場になる。同級生がライバル社にそれぞれ勤めても，職場を離れれば同級生となる。長年同じ地域に住んでいる人は，高齢者も若者も同じ小中高校の同窓生となったりする。このように学校では，出身階層・経済的利害・家族関係・男女・貧富・宗教・性格等に関係なく，同じことを習い，同じように指導され，極めて平等性・公平性が強い。このため学校は地域コミュニティの中でも極めて協働性や公平性を発揮しやすいコミュニティとなる。学校では，利害や立場を超えて共通する一体感のようなものが自然と身についているとともに，「子どものため」であれば地域活動や学校支援ボランティア活動を行っても良いという大人は少なくない。

　地域コミュニティは，あらゆる集団の重層的な関係の総体であり，どれか一つの関係だけで成り立っているわけではないが，その中でも学校組織は，全ての人が必ず学校を卒業していくために共通の基盤となる。

学校種は、幼児期から小・中・高校・大学まで、年代別に経ていくが、特に小学校・中学校の義務教育は、その地域に住む全員がその地域の学校に入学・卒業するため、あらゆる人の共通の基盤になりやすい。小中学校を基盤にしたコミュニティスクールが構想されるのもそのためである。

2. 地域コミュニティと教育活動による協働社会化

（1） 地域コミュニティと学校・家庭・地域の連携

　コミュニティスクール構想の中では、学校を中核として、様々な団体・専門家・地域住民が結びつきながら、学校・家庭・地域が一体となった地域コミュニティを構想している。地域コミュニティを具体的に推進する施策として、文部科学省は、2016年に「『次世代の学校・地域』創生プラン～学校と地域の一体改革による地域創生」の政策方針を策定した。その中では、「地域と学校の連携・協働の下、幅広い地域住民等（多様な専門人材、高齢者、若者、PTA・青少年団体、企業・NPO等）か参画し、地域全体で学び合い未来を担う子供たちの成長を支え合う地域をつくる活動（地域学校協働活動）を全国的に推進し、高齢者、若者等も社会的に包摂され、活躍できる場をつくるとともに、安心して子育てできる環境を整備することにより、次世代の地域創生の基盤をつくる」としている。

　ここでの地域コミュニティが目指すものは、1）「次代の郷土を担う人材の育成」、2）「学校を核としたまちづくり」、3）「地域で家庭を支援し、子育てできる環境づくり」、4）「学びあいを通じた社会的包摂」である。すなわち学校をコミュニティの中核機関として、様々な地域住民が学び合うことで、地域の協働性や地域づくり活動を推進しようとしている。

学校のパートナーとして地域を位置づけ地域が自律的に発展するためには，地域をコーディネートする人材が必要になり，そのために地域コーディネーターの配置を促進している。文科省は地域が学校のパートナーとなるための改革としては，「地域学校協働本部と学校との連絡調整を担当する人材の配置促進や，地域学校協働活動を推進するための学校開放の促進等を通じて，地域が学校のパートナーとして子供の教育に関わる体制を整備することにより，教員が子供と向き合う時間を確保できるようにするとともに，次代の郷土をつくる人材の育成や持続可能な地域の創生を実現する」とした。
　すなわち学校が子どもの教育活動に時間を割くことができるように地域が学校を応援すること自体も地域創生活動となる。学校単位に配属する地域コーディネーターが，学校を媒介にしてあらゆる地域の団体・地域住民を結びつけていき，そのことが結果として学校への支援や地域コミュニティの発展につながっていく。

（2）　地域コミュニティにおける相互扶助と協働社会化
　一般的に地域社会が都市化・過密化すればするほど，他人に無関心になり，他人に問題が生じても，相互に干渉することも助け合うことも気にとめなくなってくる。一方で災害などが生じた際には，群衆心理が働いたり，大多数の行動に巻き込まれたりもする。これらは顔が見えない地域社会の特徴である。このような希薄な関係は，干渉されないという意味では自由で楽でもあるが，困った時に必ずしも助けてもらえないという関係にもなる。
　一方このような希薄な地域の関係を転換し，協働的・互助的な関係を地域コミュニティの中に包摂し地域コミュニティを活性化していこうとする動きが国の政策全体としても出ている。地域コミュニティの中の互

助的な関係は，非営利の関係であり，金銭で契約する関係ではない。む
しろ住民サービスを全て金銭契約で解決することは不可能である。この
ような地域の協働性・互助性を高める背景には，以下のような背景があ
る。

　第一に，超高齢化社会の中で，地域の中で高齢者どうしが相互協力し
て生活支援をしたり，高齢者宅を取り巻く地域社会の支援が求められる
ようになったことである。また高齢者の中には健康で地域社会活動やシ
ニアボランティア活動などで活躍できる人も多く，これらの高齢者のパ
ワーを地域づくりや協働活動・互助活動に活かすことが求められるよう
になったことである。このような高齢者の地域活動で，高齢者自身も元
気になっていく。

　第二に，全国至る所で地震・津波・噴火・豪雨・水害・洪水などの災
害の危険性が存在しており，特定の地域だけの問題ではなくなってきた
ことである。東日本大震災や熊本地震をはじめ，起きることが想定して
いなかった地域での地震が頻発している。全ての地域において，地域避
難訓練・防災対策なども，想定しておく必要性が生じていることである。

　第三に，6人に1人の子どもが貧困家庭にあるなど，家庭環境・家庭
経済格差が拡大しており，子どもたちの生活支援を個々の家庭だけに任
せておくことができなくなったことである。家庭の支援に対しては，学
校も支援しているが，家庭教育アドバイザーやスクールソーシャルワー
カーなど，家庭支援専門家などの地域全体の支援システムが必要になる
とともに，孤立した家庭に対して，「子育てネットワーク」のような協
働子育てグループの役割も重要になってくる。

　第四に，インターネット社会の進化の中で個々人の居場所や居住環境
もネットで分かるようになり，逆にストーカーや不審者にとっても便利
になっている。そのため，地域社会の協働性の中で，防犯対策・不審者

発見も必要になってきていることである。地域の挨拶運動や顔が見えるこじんまりした関係の中では，不審者も行動しにくいことが明らかになっている。子どもに対する不審者も，地域全体の見守り活動で，不審者の行動を抑止できる。

　第五に，都道府県単位でみても東京都以外はすでに総人口減少が進んでおり，地方の中核都市・町村は，社会移動を含めて，急激な人口減少となっている。そのため地方都市や市町村では，産業的にも自治体財政的にも住民サービスが成り立たない現象も生じている。すでに地方では消滅都市・限界集落の問題も出始めている。これらの地方の人口減少の中で地域存続の課題に対応していくためには，自治体行政サービスに頼るだけでなく，日常的な地域コミュニティの関係性を高めていくことで，身近な支援と恩恵を相互に受けることができる。病気・福祉・災害・日常消費生活の問題などは，即座に対応していかなければならない課題が多く，日常的な互助活動が地域アメニティを高める上で最も有効である。

(3) 地域コミュニティにおける地域住民の自立・自治と協働性

　地方自治制度により地方自治体は自立的運営制度を持っている。さらに市町村の中に様々な機能を有した団体を地域振興会や町内会として再編し，100万円単位のある程度まとまった予算と自治的運営方針を地区に与えている地方自治体もある。市町村の市民生活課等が予算を配分し，地域振興会・町内会単位や学校区単位で，地域振興活動・交流会・ボランティア活動・環境整備・イベント等の地域コミュニティづくりになる取り組みと裁量権を付与していく。これにより予算の公共的な使い方や全体の利益になることを考えるようになり，地域全体が活性化しているところもある。とりわけ地域コーディネーターが配置されている地域や，学校が地域と一体となったコミュニティスクールの指定地域では，これ

らの地域振興活動も行いやすい。

　また農山村等では集落再編を実施して，高齢者団体・婦人団体・子ども団体・環境団体・社会福祉団体など別々に動いている各団体活動を一元化して，総合的に地区の運営を行う地域も生まれている。どの団体も人口減少と資金不足によって，会員と活動の縮小を余儀なくされている。このため行政の強い意向と主導性によって，地域コミュニティ内の団体間の運営を効率化しネットワークを高め，一元化していく集落再編を実施するのである。ただしこの集落再編はある程度顔が見える小規模地区において成功する取り組みである。

　このような各地区・地域振興会・町内会の主体的な取り組みの促進とそのための運営体制整備は，地域コミュニティの自治を発展させる条件となる。地域の中で，各家庭が自分でできる活動は「自助活動」であり，地域相互の協働的・集団的な取り組みによってできる活動は「共助活動」である。これらでできない活動は公的な助成・支援が必要な活動であるが，これが「公助」である。この助成の優先順位を付して地区は行政に要請する必要がある。この「公助」に至る前に地域で協働できることをいかに探すことができるかが，長期的な地域の発展にとって重要である。

3．地域コミュニティと「ふるさと教育」促進の課題

（1）　地域の誇り・自慢と「ふるさと教育」

　地方において人口が減少してくると，地域住民も子どもも行動意欲が減退し，自分の地域に誇りを持てなくなってくる。そしてますます地域から離れて大都市に移住しようとする傾向が強くなる。人口減少はいっそう地域の経済・社会・教育などに負のスパイラルを招く傾向がある。このような状況だからこそ，地域を誇りに思う「ふるさと教育」が必要

になる。

　地方における「ふるさと教育」は，単に地域のことを調べるだけでなく，明確に地域を誇りに思い，地域を創る活動をいかに創造していくかが重要である。そのためには，以下のような施策が不可欠である。

　第一に，深く地域を知る「ふるさと教育」を推進できるようにするため，様々な専門家のネットワークを作ることである。地域を創るためにはまず深く地域を知らなければならない。そのためには，自治体職員による出前講座などの市民啓発講座の他，博物館学芸員・郷土史家・役所情報資料室・社会教育主事・専門機関職員などの専門的な情報を一括集約できるように，地域情報ネットワーク協議会などのネットワークを制度にしていく必要がある。

　第二に，地域を知ることだけでも地域を好きになる条件であるが，地域の状況をさらにプラス面として見直すとしたら，どのように評価の観点を変えていけば評価がプラスに転換するかを考えていくことである。この取り組みは，パラダイム転換をうながす取り組みである。パラダイム転換とは，何となく無意識に前提にしていた価値観を転換することで，マイナスに見えていたことがプラスに見えたりすることである。例えば，原発エネルギーは安価で地球に優しいエネルギーだという考え方もあったが，次代の変化の中では自然エネルギーの方が安価で地球に優しいエネルギーだという価値観も広がった。

　地域の評価の転換では，とりわけ過疎地・へき地は，人口減少のために自信をなくしたり，地域を誇りに思える側面が無いと思いがちになる。このような地域だからこそ，むしろ観点と評価を変えて，プラス思考にする必要がある。例えば，「田舎である」ことは「自然が多い」ということであり，「空気・水がきれいで健康的である」，「自然の中ではストレスが少ない」，「無駄な買い物をしない」，「地域の人が親切」，「生活費

が安い」,「通勤時間が短くゆとりある生活ができる」,「夜空もきれいで静寂がある」などのプラス面をとらえ直すことである。

　第三に,子どもたちが総合的な学習活動等で地域を調べた学習成果は,地域に還元できるように地域発表会などを開催することである。このような子どもたちの地域学習の学習成果は,地域住民も子どもたちから学んだり,大人がそれを応援することによって,地域全体が徐々に地域を誇りに思うような意識に変化していく。地域住民が地域学講座・郷土講座で学んだことを子どもたちに伝えたり,また子どもたちも地域に発表会などで還元していくことで,子どもと大人が一体となった「ふるさと教育」を推進することができる。

(2) Uターンキャリア教育と地域コミュニティ

　地方や過疎地域に行くほど,就職先や職種が豊富にはないという現実もある。一方NPOや地域づくり活動はどこでもできるため,それらを仕事にしていく起業活動も求められている。若年の時代には,都市部の大学に進学して働いていたが,やがて中年になって出身地に移って仕事を始めたという人も多くなっている。定年後に出身地域の農業を担い,加工等の付加価値を付けて販売し始めたという例もある。あるいはICTを使った関連産業では,作業場所が広い方が作業がしやすいので,地方に移ってメールで仕事内容をやりとりすることもできるようになった。

　このように,仕事の仕方も技術革新の中で大きく変化してきており,Uターン・Iターンの中で,地方で起業するというキャリア支援教育も必要になっている。地方・過疎地においては,新しい起業精神を持ち,起業を通じて地域を活性化していくというUターンキャリア教育も,次代に求められるキャリア教育として必要になっている。

4. 地域コミュニティのネットワークと地域の学習社会化

（1） 地域づくり活動の学びと学習活動のファシリテート

地域住民が主体的な地域づくり活動を担い続けられる条件は，その地域づくり活動に意義があるという確信とそのための学習活動である。地域づくり活動と学習活動は，地域づくり活動をしていること自体が学習活動になるという側面と学習活動を深めていくことが地域づくり活動を発展させていくという側面の相互規定的な相乗関係にある。

ただ地域づくりを担う活動集団は，地域づくりは目的にしたとしても学習活動自体を目的にしているわけではない。あくまでも学習活動は地域づくりを進めるプロセスであり手段である。したがって地域づくり活動集団の学習活動支援や，運営に困難が生じた場合の相談役を担うなど，学習活動・運営のファシリテートを行うことが重要になる。

そのためにも地域コーディネーターや教育委員会等の行政が，常に地域活動内容と集団運営の相談に乗ったり，適宜集団の情報を把握して評価し励ましたり普及を支援していくことが求められる。ファシリテートを行うファシリテーターは，時には集団の会合に出かけて，一緒に活動の方針や学習課題を検討したりしながら，決定を後押しする必要がある。また活動に支障が出たときに，学習活動を行うが，講座講師の選定や専門家に仲介するなど，学習課題解決のための学習活動を組織することも重要になる。これが学習活動のファシリテートである。

（2） 地域コミュニティのICT活用・情報交流と団体間のネットワーク化

地域づくりの様々な団体・個人の活動も，団体の存在や活動内容が地域に知られていなければ，地域の中も活性化していかない。社会教育団

体登録をしている場合には，登録団体連合の通信等で活動状況等が広く知らされる場合もあるが，多くの活動は知らされないままになっている。

　近年は，情報を伝えるだけなら，様々なSNSソフトを使って発信したり，ホームページやライン等のICTネットワークを活用して，活動内容を発信している場合も少なくない。行政で地域づくり団体のホームページや情報宣伝を一元的に管理している自治体もある。SNS・ICT等の活用は，若者を中心として発展しており，今後ますます情報発信にSNS・ICTの利用は高まってくる。

　また活動情報を発信していると，それに共感して団体・活動に加わる人が増えたり，似たような活動をしている団体どうしが協働でイベントを実施したり活動連携を図ったりすることができる。相互に情報が共有されると，同じ地域づくりの方向に向かってそれぞれが奮闘していることを感じることができ，各団体にとっては励みになる。あらゆる地域づくりの活動も情報が共有されて，団体間のネットワークも進んでいく。

（3）　地域コミュニティづくりと地域の学習社会化

　地域コミュニティは重層的な組織・活動によって成り立っているが，この地域コミュニティが様々な活動を地域全体に広げていき，その活動によって団体間・個人のネットワークが形成されていけば，そこに関わる地域住民は，活動を通じて様々な学習を進めていくことになる。またそれぞれの活動が結びついていくとき，自分たちの活動の意義と相対的な役割も見えてくる。

　このように，地域コミュニティの中で重層的な活動のネットワークが広がるほど，地域にいる市民は様々な地域の情報に触れることができ，事実上様々な学習活動を進めていくことになる。すなわち地域自体が学習社会となっていく。

また逆に地域住民・団体の学習が進むと，その活動意欲や活動内容が，様々な地域に関する情報ネットワークと団体間ネットワークを作り，それらの情報と活動が重層的に積み上がりながら地域コミュニティが創られていく。

　地域コミュニティづくりと地域の学習社会化は，車の両輪として相互に発展していくものである。地域コミュニティは，様々な教育活動・文化活動・交流活動などの教育的な活動を生み出していくが，それらは最終的には経済・社会・産業等のネットワークにつながり，地域の生産・生活を通した活動に発展していく。したがって行政も，近年は地域コーディネーターを配置していくなど，地域コミュニティづくりを推進できる人材の育成に力を入れる自治体も多くなっている。

　それだけ自然発生的に経済・産業が発展してきた時代ではなくなったことを意味している。経済・産業の振興が生活・文化を良くするという発想だけでなく，生活・文化の振興と地域作りのネットワークが経済・産業を長期的に生み出していくという発想に切り替えざるをえなくなっている。

　地域コミュニティづくりのネットワーク化が地域の学習活動となり，そのことが，地域住民の地域づくり意識と地域の構成員としての帰属意識をいっそう高めていく。すなわち地域コミュニティの活性化により地域自体が学習社会化していく存在になっていく。

演習問題

1．現代において再び地域コミュニティが必要になっている背景を考えてみよう。
2．地域住民の自立・自治活動の促進がなぜ地域コミュニティにとって

重要かを考えてみよう。
3．地域コミュニティの創造がなぜ地域の学習社会化になっていくのかを考えてみよう。

参考文献

岡崎友典・玉井康之『コミュニティ教育論』（放送大学教育振興会，2010年）

岡崎友典・夏秋英房『地域社会の教育的再編—地域教育社会学』（放送大学教育振興会，2012年）

岡崎友典・夏秋英房・高島秀樹『地域教育の創造と展開』（放送大学教育振興会，2008年）

岡崎友典・永井聖二『教育学入門—教育を科学するとは』（放送大学教育振興会，2015年）

鈴木敏正・玉井康之・川前あゆみ編著『住民自治へのコミュニティネットワーク—酪農と自然公園のまち標茶町の地域再生学習』（北樹出版，2010年）

玉井康之『学校評価時代の地域学校運営—パートナーシップを高める実践方策』（教育開発研究所，2008年）

おわりに

　すでに本書の中で様々な「地域コミュニティ」の実態と役割を見てきた。この「地域コミュニティ」とは，文字通り「地域」と「コミュニティ」を合体した用語であるが，さらに意味としても「地域」と「コミュニティ」双方の特性の意味を含んでいる。

　「地域」は一定のエリアの範囲の中で自然的・文化的な共通性を持った社会であるが，エリア内には様々な地域住民が住み，様々な職業・階層を含んでいる点で異質性も内包している。「コミュニティ」は，元々は同士集団・同目的集団などの強い人間関係や同質性集団を意味している。そのため古くは農山村集落にも地域的な強い人間関係を有していた農村コミュニティが存在していたが，現代では目的集団は必ずしも地域エリア内に限定されておらず，SNSサイトなどのネットコミュニティも存在している。

　このような「地域」「コミュニティ」の二つの意味からすると，「地域コミュニティ」は，定義概念として，「地域的な範囲を基盤にした様々な協働性が重層的に展開しながら，互恵的な相互関係と信頼関係を持つ社会的関係が築かれている地域社会」であるととらえられよう。この「地域コミュニティ」が目指すものは，希薄になり匿名化した社会ではなく，顔が見える地域的な関係の中で，協働性や互助性がある社会である。この中には，学校もあり地域団体もあり，様々な異年齢・職階や階層もあり，異なる立場の人たちの協働性や相互承認の関係性を創ることを目指すものである。

　さらに本書のタイトルは，「地域コミュニティと教育」であるが，これは地域コミュニティと教育が極めて関係していること，そして地域コ

ミュニティ自体が教育的な役割を内包していることを意味している。"教育"の中には，意図的活動の他に，無意図的・無意識的な活動も含まれ，主体や対象も子どもから大人まで様々な階層が含まれている。地域にある教育機関として主要な機関は学校であるが，この学校も地域と連携しながら子どもの教育活動を多様に展開するとともに，幅広く教育対象・教育活動内容を広げてきている。地域コミュニティを構成する地域づくり活動や地域運営学校の存在自体が，地域住民や子どもたちにとって，"Learning by Doing"としての主体的な学習活動・教育活動の役割を有している。

また現代では日本全体が総人口減少社会を迎え，少子高齢化問題・地方都市衰退問題・学校統廃合問題など様々な地域的な課題が生じる中で，改めて地域コミュニティの再生が人々や子どもたちの生活にとっても大きな課題になっている。このような様々な現代社会の課題を克服するためにも，地域コミュニティが活性化し地域住民・子どもの教育活動を推し進めることで，地域課題を克服することが期待されている。この地域コミュニティを活性化することは，現在の地域だけでなく次世代社会を創るための条件となる。地域コミュニティの活動が高まるためにも，改めて学校・家庭・地域の協働性が求められている。

このようなコミュニティの再生が課題となる中で，2017年4月からコミュニティスクールがすべての公立学校で義務化された。学校は現在でも地域の一つの文化センターでもあり，また地域住民も当該地域の学校の出身者が多いことからすれば，学校が地域コミュニティと地域創生の一つの核となる可能性は充分存在している。東日本大震災の時には，学校が避難所になることで，学校が地域住民のセンターになっていることを改めて世に示した。被災者は学校の中では，対等平等な立場であり，職階や経済力も関係なく平等に扱われ，また学校を中心にして協働性を

発揮していった。これは日本の公教育が教えてきた平等性・公平性や順番や決まりを守るという相互尊重の価値観が，学校の中で根付いており，改めて日本の市民社会の価値規範の根源は，学校で育まれていることを示すものとなった。

また地域コミュティの中には子どもたちも住んでいるが，子どもたちを地域全体で育てていけば，長い目で見るとその子どもたちは必ず地域の担い手として成長していく。すなわち地域コミュニティ再生の試みは，すぐに成果が出なくても，長期的には，子どもたちの成長を通じて地域づくりの担い手および地域の再生産につながっていく。さらに近年では学校の総合的な学習活動の一環として，子どもたちも地域探求活動や地域づくり活動に参加している学校も増えている。学校は，地域づくり活動を学校の総合学習・教科学習・特別活動等の学校教育課程と結びつけることでカリキュラムマネジメントを推進している。学習活動と実践活動・体験活動を結びつけながら生きる力の育成につなげる取り組みも広がってきている。

政策的には学校に加えてあらゆる分野を含めた地方創生政策が重要な柱となっており，これらがコミュニティスクール政策と相まって推進されている。このことは，経済・産業・自然環境・過密過疎環境・福祉・防犯・防災・文化・子育て・学校教育・生涯学習などのあらゆる分野において，地域活動と地域社会の活性化が，地域政策・学校政策と結びつきながら展開していることを示している。これらのあらゆる領域を含む地域コミュニティは，人間の生活環境・心の居場所や相互信頼関係などを含めた環境として大きなアメニティの条件となりつつある。そしてその地域活動の意義を抽出し，改めて評価していくことが，現代の地域政策・教育政策の重要な課題となりつつあることを示すものである。

現代社会はICTなどネット社会になって地域エリア内の共同体が崩

壊し，人間関係も希薄で排他的になってきたからこそ，逆にこれまで持っていた地域コミュニティの教育的な意味や生活条件の快適さを向上させる地域コミュニティの意味が改めて気づかされることとなった。

　このような点からすれば，政策的な今後の大きな課題となっている地域コミュニティをいかに活性化していくか，そのコミュニティの担い手としての子どもたちの発達をいかに保障していくかが問われている。この為には，学校づくりと地域づくりをトータルに推進していく必要がある。そして改めて学校も家庭も地域も協働して，子どもの発達と地域活動を積極的に進めることが今後とも求められていると言えよう。

　本書は以上のような地域コミュニティの必要性と教育的意義を，様々な側面からとらえ直しその新しい協働的・互助的活動の芽を捉えることで，次代に求められる地域政策・教育政策の柱となる地域コミュニティの可能性をとらえてきた。本書の中で取り上げた地域コミュニティの活動内容は，全ての地域で可能であるわけではないが，少しずつそれぞれの地域に応じた地域コミュニティの活動が広がることを期待したい。本書は放送大学の「地域コミュニティと教育」番組の教科書でもあるが，さらに多くの読者の地域活動・地域学校教育活動の参考になることを願っている。

　本書刊行までには，放送大学教育振興会の斎田昭義編集担当をはじめ，多くの方のご教示があった。また放送大学の佐伯友弘プロデューサーをはじめ放送大学関係者，およびNHKエデュケーショナルの千葉くららディレクターの番組制作のご支援があってできたものである。これらの関係者の皆様に記してお礼申し上げたい。

玉井　康之
夏秋　英房

索引

●配列は五十音順

●あ 行

青パト　133
アクティブ・ラーニング　74
あそび　109
安全　104
安全安心　108
安全管理　125
安全教育　123, 125
安全文化　120
安全マップ　133
移住　157
異年齢集団　143
居場所　117
インターネット犯罪　230
well-being　173
エビデンス　136
エリア型コミュニティ　36, 199
横断的・総合的学習活動　74
大阪教育大学附属池田小学校　107
お祭り法案　195
親子留学　157
オルガナイザー　217
オルセン　53

●か 行

外国につながる子どもたち　208
下位文化（サブ・カルチャー）　194
学社融合　57, 139
学社連携　139
学制　45
学童保育　109
過疎問題　157
学区制　45
学校安全　125
学校運営協議会　59
学校支援　59
学校支援ボランティア　59, 217
学校設置区域　46
学校設置主体　46
学校選択制　48
学校統廃合　157
学校の多国籍化・多文化化　210
学校の中核的役割　230
学校評議員制度　59
学校保健安全法　107
家庭教育支援　59
過密　158
過密問題　157
カリキュラムマネジメント　74
環境犯罪学　112
聞き書きマップ　133
危険　104
危険予測能力　131
危険離脱能力　131
機能組織　230
機能的人間関係　143
ギャングエイジ期　143
旧中込学校　46
教育基本法　23
教育コーディネーター　183
教育支援活動　217
教育福祉（educational welfare）　170
教育文化　25
境界　114
境界人　120
協働　129
共同性　13
郷土教育　52

郷土教育運動　55
共の領域　34
空間的範域　13
釧路市　221, 222
グループワーク　76
芸術文化　195
啓発活動　217
公共施設　90
行動力　143
公平性　230
校門前　114
声かけ　131
五感　143
国際化　202
国際理解教育　208
言葉がけ　131
子ども・子育て支援　19
子どもの安全　120
子どもの権利条約　215
こども110番の家　133
子どもの貧困　19, 230
子どもの貧困問題　182
子ども・若者育成支援推進法　182
コミュニケーション支援　203
コミュニケーション能力　130, 143
コミュニティ　13, 30, 36, 108, 109, 230
コミュニティ感情（community sentiment）　31
コミュニティスクール　59

●さ　行
災害　230
山村留学　157
鹿追町　157
自己管理能力　143
自己肯定感　129

私事化（privatization）　15
資質・能力　74
地芝居（農村歌舞伎）　192
自主防犯隊　107
自主防犯ボランティア　110, 111
自然体験　143, 157
自然体験活動　59
自然体験留学センター　157
自尊感情　129
指導者養成講習　140
児童誘拐殺害事件　107
自発性　110
CPTED　113
市民　111
市民講座　217
市民性　116
市民先生　140
社会化空間　14, 48
社会教育行政　217
社会教育施設　90
社会貢献度感　90
社会体験活動　59
社会的に開かれた教育課程　74
社会的排除　176
社会的包摂　176
社会福祉問題　171
重層的構造　230
集団遊び　143
住民自治　33
集落再編　231
主体的・対話的で深い学び　74
上位文化　193
生涯学習　16
生涯学習活動　141
生涯スポーツ　196
小規模異年齢集団　157

少子化対策　19
少子高齢化　15
少年自然の家　143
情報化　15
情報交流　231
職場体験　90, 143
人口減少　231
人口減少問題　90
信頼感　157
スクールガード　107, 133
スポーツ　186
生活課題　16
生活環境　143
生活支援　204
生活習慣　143
生活体験　20
生活文化　195
制作力　143
青少年育成活動　109
青色回転灯車　133
正統性　193
正統的周辺参加　25
全人格的人間関係　143
総合型地域スポーツクラブ　199
総合的な学習　90
総人口減少　157
想像力　143
創造力　143
そこにいるだけ防犯　111
組織活動　125
ソーシャル・キャピタル（社会関係資本）
　16, 31, 37

●た　行
体験活動　24, 157
体験的な学習　174

第六感　143
多元参加型コミュニティ　37, 200
他尊感情　129
ダブルの文化　214
ダブル・リミテッド　213
多文化共生　202, 203
団体自治　33
地域　108, 188
地域安全活動　121
地域安全文化創出型体験学習　139
地域安全文化創出型　140
地域化　177
地域学習活動　217
地域課題　16
地域学校協働本部　59
地域環境　108
地域教育プラットフォーム構想　180
地域行事　130
地域共同体組織　230
地域ぐるみ　108, 123
地域公共活動　143
地域コーディネーター　230
地域コーディネート　217
地域コミュニティ　14, 230
地域産業振興　217
地域社会の教育的編成　29, 53
地域社会の教育力　22
地域振興会　231
地域性（locality）　13, 30
地域総合学習活動　217
地域創生　230
地域組織　16
地域団体活動　217
地域づくり　59
地域的範域　30
地域伝統芸能　195

地域の学習社会化　231
地域の教材化　190
地域のシンボル　47
地域のつながり　109
地域福祉　178
地域コミュニティ　14, 119
地域文化（local culture）　25, 186, 187
地域防犯　110
地域防犯活動　110
地域を探求する学習活動　74
知識・技能　74
知識基盤社会　16
地方創生　59
超高齢化社会　230
町内会　231
通学区域　46
通学区域の弾力化　48
定住　157
出前授業　217
テーマ型コミュニティ　36, 199
伝統　187
伝統文化　186
登下校　110
道徳性　136
特別支援教育　172
都市型社会　32
都市農村交流　157
土地に根ざした教育　55
共に生きる　175

●な　行
仲間づくり活動　143
日常活動理論　113
日常活動理論の変形パターン　115
日本語指導　204
人間関係調整力　143

ネットワーク　16
練馬事件　118
農業体験　143, 161
農林漁業体験　90
ノーマライゼーション　175

●は　行
排除　131
バイリンガル　213
パーソナル・ネットワーク　16
パトロール　133
番組小学校　46
犯罪　106
犯罪機会論　112
犯罪原因論　112
犯罪認知件数　106
犯罪予防　114
東日本大震災　39
開かれた学校づくり　59
ファシリテーター　217
ファシリテート　217
附池田小事件　107, 111, 116, 119
フィールド・ワーク　133
フェミニズム化　15
福沢諭吉　49
福祉　169
福祉教育　173, 174
福祉国家　170
福祉コミュニティ　178
不審者侵入訓練　133
負担緩和　124
プライド防犯　112
ふるさと教育　231
プレゼンテーション　76
プロジェクト学習　76
文化活動　193

文化芸術活動　194
文化団体　217
文化的変容　189
放課後子ども教室　109
放課後子どもプラン　117
奉仕体験活動　173
防犯カメラ　133
防犯環境設計論　113
防犯教室　130, 133
防犯上の盲点　116
防犯性　136
防犯体験ミヤタメソッド　137
防犯パトロール隊　123
防犯ブザー　133
防犯モラルジレンマ学習　137
ボランティア活動　109, 143
ホリスティック　174

●ま　行
まちづくり　16
見守り　109, 111
見守り手　116, 130
見守りベンチ　111, 113
民俗芸能（郷土芸能）　191
民俗文化（folk culture）　187
無境界性　119
MATE　111
問題解決学習　76
問題解決能力　90

●や　行
誘拐事件　130
余暇文化　195
4つのアイテム　138

●ら　行
リーダーシップ　143
離脱行動　136
略取誘拐　131
ローカリティ　54
ロールプレイ　76

●わ　行
割れ窓理論　113

分担執筆者紹介

岩永　雅也（いわなが・まさや）　　・執筆章→7・8

1953年　佐賀県に生まれる
1982年　東京大学大学院教育学研究科博士課程修了
現在　　放送大学副学長・博士（学術）
専攻　　教育社会学・生涯学習論・社会調査
主な著書『現代の生涯学習』』（放送大学教育振興会）
　　　　『教育と社会』（放送大学教育振興会）
　　　　『格差社会と新自由主義』（共編著　放送大学教育振興会）
　　　　『大人のための「学問のススメ」』（共著　講談社）
　　　　『創造的才能教育』（共編著　玉川大学出版会）

宮田　美恵子（みやた・みえこ）　　・執筆章→7・8

2006年　　　　日本女子大学大学院人間社会研究科教育学専攻博士課程前期修了
2008～2011年　日本女子大学人間社会学部客員准教授
現在　　放送大学非常勤講師
専攻　　教育社会学・安全教育・犯罪社会学
主な著書『うちの子，安全だいじょうぶ？新しい防犯教育』（新読書社）
　　　　『安全におうちへ帰ろう！じぶんをまもる４つのアイテム』（共著・日本こどもの安全教育総合研究所・鈴木出版）
　　　　『東日本大震災と子ども～3.11あれから何が変わったか～』（地域社会研究所）
　　　　『０歳からの子どもの安全教育論：家庭・地域・学校で育む"しみん・あんぜん力"』～（明石書店）

編著者紹介

玉井　康之（たまい・やすゆき）
・執筆章→4～6・9・10・14・15

1959年　香川県丸亀市に生まれる
1990年　新潟大学卒・岡山大学大学院修了・北海道大学大学院修了
現在　　北海道教育大学釧路校キャンパス長を経て北海道教育大学副学長・教育学博士
主な著書　『北海道の学校と地域社会』（東洋館出版社）
　　　　　『現代アラスカの学校改革』（高文堂）
　　　　　『地域に学ぶ「総合的な学習」』（東洋館出版社）
　　　　　『学校評価時代の地域学校運営』（教育開発研究所）『少年の凶悪犯罪・問題行動はなぜ起きるのか』（編著　ぎょうせい）
　　　　　『学校という"まち"が創る学び』（編著　ぎょうせい）
　　　　　『山村留学と子ども・学校・地域』（編著　高文堂）
　　　　　『コミュニティ教育論』（編著　放送大学教育振興会）
　　　　　『住民自治へのコミュニティネットワーク』（編著　北樹出版）
　　　　　『教育活動に活かそう　へき地小規模校の理念と実践』（編著　教育新聞社）
　　　　　『アラスカと北海道のへき地教育』（編著　北樹出版）
　　　　　『実践―地域を探求する学習活動の方法』（東洋館出版社）
　　　　　『子どもの"総合的な能力"の育成と生きる力』（編著　北樹出版）

夏秋　英房（なつあき・ひでふさ）
・執筆章→1～3・11～13

1959年　神奈川県横浜市に生まれる
1982年　上智大学文学部教育学科卒業
1988年　上智大学大学院文学研究科教育学専攻博士後期課程単位取得満期退学・文学修士
現在　　國學院大學人間開発学部　教授
専攻　　児童社会学，教育社会学
主な著書・論文
　　　『福祉コミュニティの研究』（共著　多賀出版）
　　　『地域社会の教育的再編』（共著　放送大学教育振興会）
　　　『教育の基礎と展開』（共著　学文社）
　　　『改訂　教職入門』（共著　萌文書林）
　　　『子どもの教育の原理』（共著　萌文書林）

放送大学教材　1529242-1-1811（テレビ）

地域コミュニティと教育

発　行　　2018年3月20日　第1刷
　　　　　2020年7月20日　第3刷
編著者　　玉井康之・夏秋英房
発行所　　一般財団法人　放送大学教育振興会
　　　　　〒105-0001　東京都港区虎ノ門1-14-1　郵政福祉琴平ビル
　　　　　電話　03（3502）2750

市販用は放送大学教材と同じ内容です。定価はカバーに表示してあります。
落丁本・乱丁本はお取り替えいたします。

Printed in Japan　ISBN978-4-595-31847-4　C1337